は　じ　め　に

　本書は、非漢字系の学習者に漢字を少しでも効率的に、そして体系的に教えようという試みとして作られたものである。筑波大学の留学生教育センターでは、1986年4月から「漢字学習研究グループ」を作り、パーソナル・コンピュータを利用した漢字学習プログラムの開発、実践、研究などを進めながら、漢字の何が難しいのか、どうすれば効率的に漢字の学習ができるのか、などを模索してきた。そのグループのメンバーが1987年秋に作成した『基本漢字の練習Ⅰ・Ⅱ』の試用版は、当センターの日本語コースで1年間使用してきたが、その使用結果を検討し、改訂を加えたものが本書である。

　当センターの初級集中日本語コース（約500時間）は、関東・甲信越の国立大学に配置される文部省の研究留学生を対象に行われている。学生のほとんどは、非漢字系であり、配置先の大学での研究活動に必要な日本語力を養成するというコースの目的を達成するためには、効率的な漢字教育が不可欠である。また、漢字を学習することによって、日本語そのものの運用能力が高まる、あるいは日本語的な認識方法ができるようになる、という利点もある。例えば、漢字の拾い読みによる速読であるとか、単漢字の意味から未習の複合語の意味を類推することなど、特に、中級・上級へと進む意志のある学習者にとって、漢字学習の効用は大きい。

　しかし、これまでの日本語教育では、漢字の学習は個々の学習者の努力に委ねられるのが普通で、漢字の重要性、その習得の難しさにもかかわらず、漢字の教授法や教材の研究などが十分になされてきたとはいえない。語彙とともに一つ一つ辛抱強く書き取りをして暗記していくしかない、という旧態依然としたやり方では、途中で挫折してしまう学習者も多いはずである。

　本書を作るに当たっては、まず漢字の難しさを次のように分析してみた。

　　(1)　字形の複雑さ

　　(2)　数の多さ

　　(3)　表意性・表語性（アルファベットなどの表音文字とは違うという点）

　　(4)　日本語の表記システムの複合性（ひらがな・かたかなとの併用）

　　(5)　多読性・多義性などの特性

以上のような難しさを短期間に克服させるためには、ある程度理論的な説明も必要であろうし、また、「基本漢字」というような最小限の数の漢字を選んで、学習者にとりあえずのゴールというものを設定してやることも必要なのではないだろうか。単に主教材である

文法や会話の教科書に出てくる言葉をやさしいものから順に漢字で教えるというのではなく、漢字の成立ちを体系的に教えるとか、読解につなげるための語彙体系と結びつけて教えるとか、将来の漢字学習・日本語学習を効率的にするような基本単位としての漢字を教える姿勢がなければならないと思われる。また、日常よく見る漢字も積極的に取り上げて、漢字学習の動機を高めることも大切である。せっかく漢字を苦労して覚えても、日常生活に必要な情報がちっとも得られるようにならないという苛立ちは、学習者を出口の見えないトンネルに追い込むようなものだからである。

　本書の目的は、基本漢字500字を使って、学習者に

　　１．漢字に関する知識（字源・表意性・音訓のルール・書き方・部首など）を体系的
　　　　に教える

　　２．漢字の運用能力（文脈からの意味の推測・複合漢語の意味構造の分析・漢字語の
　　　　意味から文の意味を理解することなどを含む総合的な力）をつける

　　３．覚えた漢字をいつでも必要に応じて記憶の中から取り出して活用できるような覚
　　　　え方、思い出し方、整理法などを工夫させる

ということである。もちろん、学習させる500字に関しては、読み書きができるようにしなければならないことはいうまでもない。

　基本漢字500字の選定に当たっては、上記の目的を達成するための効率を第一義に考えて、以下のような手順で決定した。

　　①漢字の成立ちを教えるための漢字（象形文字・指事文字・会意文字など）を採用す
　　　る。

　　②漢字力を読解につなげるために、主語・述語となる基本的な名詞、動詞、形容詞に
　　　使われる漢字を選ぶ。

　　③部首の概念を教えるために、基本的な部首として機能する漢字を選び、また各部首
　　　を持つ漢字がある程度の数集まるように調整する。

　　④使用頻度や造語性が高い漢字を採用する。（学習研究社の『新しい漢字用法辞典』、
　　　国立国語研究所の『現代新聞の漢字』、および『現代雑誌九十種の用語用字』を参
　　　照した。）

　　⑤人名・地名の漢字や日常よく目にする表示の漢字については、500字の枠外でも紹
　　　介する。

このようなわけで、500字の中には、本当はその漢字自体が大切なのではなく、その漢字が他の漢字の要素となっているので、その漢字の書き方を覚えることで、他の多くの漢字が覚えやすくなるというようなものも含まれている。また、字源や部首を説明する際は、

外国人にわかりやすいこと、外国人の記憶を助けるようなものであることが重要であると考えたので、本当の字源や部首とは違った説明をあえてしてあるところもあることをお断りしておく。

　いずれにしても、学習効率というのは、実際に教材を使ってみた結果を重ねていかなければ結論は出せないものであるから、この500字の内容についても、さらに使いながら修正していくべきだと考えている。今回は準備期間の関係から、改訂は最小限にとどめざるをえなかった。今後できるだけ多くの方々に使っていただき、ご意見、ご批評をいただければ幸いである。

　本書の編集方針、500字の選定、学習内容の配列などは、漢字学習研究グループのメンバー4人が定例ミーティングで話し合い、検討し、決めてきたものであるが、当センターで教えている数多くの日本語担当教師からも、実際に授業で使用してみた上でのさまざまな意見・批評・助言などが出された。その先生方の体験、意見なども本書には大いに反映されているといえる。また、筑波大学心理学系の海保博之助教授には、漢字学習のメカニズムや基本漢字の考え方などに関して、折りにふれ示唆に富んだご助言をいただいた。これらの方々に心から感謝申し上げたい。各課の漢字の書き方のところの手書き文字については、筑波大学大学院芸術研究科の平野和彦氏にお願いした。英語訳に関しては、試用版を作成する際に、筑波大学の比較文化学類に在籍していたオーストラリアの日本語・日本文化研修留学生、グレゴリー・スコット氏が快く校正を引き受けてくれた。また、改訂版を出すにあたっては、筑波大学の哲学思想研究科のイギリス人研究生、デイヴィッド・ベル氏に目を通してもらい、英語部分の統一を図った。それから、試用版から第2版までこの本を使って漢字を勉強した数多くの留学生たちから得た数々の貴重なコメントも忘れることはできない。しかし、本書の内容に関する責任は、すべて漢字学習研究グループのメンバーである我々にあるので、大方のご教示をお願いしたいと思う。

　なお、本書の各課の学習内容の担当者は、以下の通りである。

　　加納千恵子 …… 1、2、3、4、5、6、7、25、26、27、36、44、45
　　清水　百合 …… 11、12、13、14、28、29、30、33、41、42、43
　　竹中　弘子 …… 8、9、16、17、19、20、21、24、34、35、37、38
　　石井恵理子 …… 10、15、18、22、23、31、32、39、40

また、全体を通して、漢字の成立ち・読み物については加納、部首・書き方については清水、形容詞・動詞および語構成については竹中、意味や場面による実用的グルーピングに

ついては石井、というように分担して調整を行った。

　最後に、本書を作成、試用する機会を与えてくださった筑波大学文芸言語学系の大坪一夫教授（留学生教育センター長）と社会工学系の細野昭雄助教授（前センター長）に深く感謝申し上げたい。本書が出版されるころには、4人のメンバーのうちの2人は、専任職を得て事実上センターを離れていると思われるが、本書の作成にあたり、数々の便宜を計ってくださったセンターのスタッフの方々に心から感謝したいと思う。

　　　1990年7月

　　　　　　　　　　　　　　　　　　　　　筑波大学留学生教育センター
　　　　　　　　　　　　　　　　　　　　　漢字学習研究グループ

　　　　　　　　　　　　　　　　　　　　　　　　　加納千恵子
　　　　　　　　　　　　　　　　　　　　　　　　　清水　百合
　　　　　　　　　　　　　　　　　　　　　　　　　竹中　弘子
　　　　　　　　　　　　　　　　　　　　　　　　　石井恵理子

本書の使い方

　本書の内容は目次にある通りだが、各課の構成は次のようになっている。

各ユニット	内　　容	所要時間
ユニット1	漢字の話（漢字の成立ち・部首・用法など その課の学習漢字に関する説明）	10～20分 （または予習）
ユニット2	基本漢字（各課10字～12字） 2-1. 漢字の書き方 2-2. 読み練習 2-3. 書き練習	20分→予習 5～10分 15分→宿題
ユニット3	読み物(11課以降)	20分
知っていますか できますか？	役に立つ漢字情報やゲームなど	10～15分

計60分

本書は各課を約60分の授業で使うようにデザインされているが、ここに示した時間配分を目安に、各教育機関、各学習者の実情に応じて、適宜工夫してほしい。

ユニット1　　ユニット1は、漢字の体系的学習を助けるための基本的学習項目と思われるものを「漢字の話」として1課分ずつの長さ（1～2ページ程度）にまとめたものである。漢字の字源、成立ち、部首など、いわゆる漢字というものを紹介するための説明のほかに、形容詞・動詞の送りがなのルールであるとか、動詞の用法による分類（移動動詞・スル動詞・変化動詞など）であるとか、言葉の意味による分類（位置・家族の名称・専門分野・季節・経済・地理など）や場面による分類（旅行・結婚・試験・生活など）、漢字の接辞的用法や語構成の説明など、さまざまなものが含まれている。これは、このような知識や整理法が学習者の漢字運用力の向上に有効であると考えるからである。説明は、英語（後半は、やさしい日本語）やイラストになっているので、学習者に予習として読んでこさせることができる。教師は、クラスの始めの部分でその内容について質問を受けたり、学習者と話し合ったり、簡単なクイズがついている課ではそれを使ったりして、学習者がその課で学ぼうとしていることを理解しているかどうか確認する。時間にして、10分～20分程度（学習者が予習で十分理解できていれば、軽くふれる程度でもよい）であろうが、ここで学んだことが、後に学習者には、その課のメインテーマとして記憶に残り、その課の漢字を思い出す時の助けとなるはずなので、教師はできるだけ面白く授業をすすめるよう努力してほしい。

ユニット2は、3つの部分からなっている。2－1の漢字の書き方、2－2の読み練習、2－3の書き練習である。2－1の部分には、その漢字の手書きの字体を大きく示し、その字の意味、主な音訓の読み、画数を載せたが、あまり使われない読みは（　）に入れた。訓読みは送りがなの前に「－」を入れた。その下の欄には、漢字の書き順を1画ずつ示し、また、その漢字を使った基本的な熟語の例を4語程度選んで、その読みと意味を載せた。熟語の読みは下のように漢字1字分ごとに「・」で区切って（　）の中に示し、その後に送りがなを付けた。「＊」印は特殊な読み方をする熟語である。

通し番号

漢字	いみ		くんよみ	オンヨミ	（かくすう）
39 大	big, large great		おお-きい	ダイ タイ	（3）

一	ナ	大										

大（おお）きい＝大きな　big　　　　　　　大学（だい・がく）　a university
大切（たい・せつ）な　important　　　　　＊大人（おとな）　an adult

　2－2の読み練習と2－3の書き練習の部分は、それぞれ、ⅠとⅡに分かれているが、Ⅰ.は基礎的なやさしい練習で、Ⅱ.は応用練習というべきものである。読み練習に関しては、Ⅰ.が基本的な単語の読み、Ⅱ.が文の読み、というようになっている。書き練習のⅡ.には、まだ習っていない漢字を使った言葉も紹介されているので、難しいという印象があるかもしれないが、このセクションの主眼は、漢字をただ機械的に繰り返し書かせるのではなく、いろいろな言葉の中に使われているその字の意味を類推させながら書かせることであって、そこに紹介されている言葉を全て覚えさせることではない。このことは学習者にもよく理解させる必要がある。Ⅰ.のセクションには、各漢字を使った本当に基本的な語しか載せていないので、後になると、Ⅱ.のセクションが語彙参照用のページともなりえるのである。

　さて、1課から10課までは、クラスで丁寧に漢字の書き方を指導してほしいので、2－1に20分程度、2－2と2－3のⅠ.の部分に合わせて20分程度をかけ、Ⅱ.の部分は宿題として翌日チェックする。11課以降は、2－1と2－2、2－3のⅠ.の部分は予習させ

てきて、朝提出させたものをクラスの前にチェックして返すようにする。クラスでは、間違ったところを指摘するにとどめ、2－2のⅡ（文の読み練習）やユニット3の読み物に重点を置くようにしていく。書き練習のⅡ.（改訂版では、21課以降にⅢ. として応用練習もつけてある）は宿題にしてもよいし、学習が遅い者には、負担を軽くするために飛ばすこともできるだろう。漢字を書くスピードは個人差が大きいし、またその必要度もまちまちであることが多いからである。

　漢字のクラスを担当する教師は、その課の漢字カードや単語カードを準備していく必要がある。フラッシュ・カードとして、手際よく読み練習をさせるために使うばかりでなく、カードの漢字を組み合わせて言葉を作る練習をしたり、部首ごとにグループ分けをする練習をしたり、時間があれば、単語カードで口頭作文の練習をするなどいろいろ工夫できる。なお、練習や宿題で漢字を書かせる時には、できれば本書に直接書き込ませないで、漢字練習用のノート（小学生用の国語ノートでもよいが、ファイル・ノートやルーズリーフ・ノートが提出させる際に便利）を使わせることが望ましい。そうすれば、学生は本書を見ながら何回も繰り返し練習できるからである。

ユニット3

11課以降にはユニット3として、読み物をつけた。はじめのうちは、語単位の読みから文単位の読みへ、さらに既習漢字を使ったやさしいストーリーの展開の読みへと、徐々につなげていくことを意図したものが主だが、後半は、できるだけタスク型の読み物を増やすように努めた。1語1語を追って全部を完全に理解しようとするのではなく、与えられたタスクを解決するのに必要な情報だけを拾って読む、あるいは全体の意味を大きくつかみながら速く読む、など本当の意味での読みの作業に近づけることにより、読解力を養成することを目指したものである。だいたい15分～20分で読み、設問をこなせることを目安に作ってある。まだ試行段階ではあるが、学生が少しでも読む楽しみを味わってくれればと願って作ったつもりである。

知っていますか、できますか？

このセクションは、いわば番外編のようなものなので、毎課必ずやるという必要はなく、時間に余裕のある時に使えばよい。復習の日などに回すこともできるし、これを題材に会話のクラスなどに発展させる、などいろいろな使い方ができると思う。興味があれば、学生が自分で読んでいくこともできるだろう。5課ごとには、復習・整理のページが入れてあるので、知識の整理に活用してほしい。宿題として提出させてもよい。

　さて、以上はあくまでも当センターでの75分授業（うち60分を本教材に、のこり15分を

主教材の漢字の読み練習に使っている）を想定して作った教案であり、初級コースでは、以下のように１日１課のペースで授業が進められている。

　　　　１コマ目（75分）：　ＣＡＩによる文型・文法チェックと漢字の読み練習
　　　　　　　　　　　　　　　（予習の確認および質問受付の時間）
　　　　２コマ目（75分）：　口頭ドリル
　　　　３コマ目（75分）：　会話練習
　　　　４コマ目（75分）：　漢字練習・読解練習

　４コマ目の漢字練習・読み練習の時間は、75分全部を本書に使っているのではなく、15分程度を会話教科書に出てくる漢字語彙の読み練習に使い、残りの60分程度を本書を使った体系的な漢字練習および読解指導に当てている。このように、他の主教材との併用も可能であるから、実際のクラスの実情に合わせていろいろな使い方を工夫していただきたいと思う。

　また、本書で選定した基本漢字500字は、服部セイコーのＣＡＩソフト、"Let's learn Nihongo"シリーズの『漢字の基礎』および『漢字書き練習辞典』（1988）とも共通しているので、併せて使用することができる。

Preface

In the field of Japanese language education, memorizing Kanji has largely been entrusted to the students' individual efforts. It goes without saying that a good command of Kanji is necessary to read and write Japanese, and it takes time and persistence to reach the level where students can read and write Kanji fluently. Until now due to inadequacies in teaching materials many students have understandably been discouraged by a slow and inefficient learning process. These two volumes have been designed with this in mind and aim to teach Kanji both systematically and effectively.

In these texts, Kanji are examined according to the following five features.

1) Kanji with complicated shapes
2) Kanji comprised of large numbers of characters
3) independent characters which both express a meaning by themselves and play an important role in forming other words
4) the combination of Kanji and Hiragana or Katakana in written language
5) characters with several different readings and meanings

To deal with the areas of difficulty outlined above, it is necessary to give systematic explanations of Kanji as they are presented and to set an attainable goal by selecting a minimum number of basic Kanji for students to memorize.

Instead of memorizing Kanji merely as they show up, these books introduce the origin systematically and show how these characters are used in combination with other Kanji to form words often seen in daily life.

The expectation that students will be able to learn to read and write the basic 500 Kanji by the end of this course is reflected in the following aims:

1) to give a broad explanation of what Kanji are comprised of (i.e. origin, meanings of independent characters, 'On-Kun' readings, calligraphy, radicals, etc.);
2) to help students achieve competence in reading Kanji (including ability to infer the meaning of a Kanji from its construction, analyzing Kanji compounds to get their meanings, etc.);
3) to teach effective ways of memorizing Kanji so that students can make not only perceptive but also productive use of their knowledge.

The 500 basic characters for beginners have been chosen primarily on the basis of how effectively they can achieve the aims described above. The following five points have also been important in the selection process.

1) Kanji that clearly represent one concept being introduced in the class have been selected (e.g. pictographs, ideographs and logograms)

2) To achieve competence in reading, verb-Kanji, adjective-Kanji and nominal Kanji which are frequently found in texts and used in daily life have been chosen.

3) In order to teach the concept of radicals, to some extent, each Kanji with a radical has been grouped with others of the same type.

4) Frequently-used Kanji and those characters which are highly useful in forming new words are included. (c.f. "A New Dictionary of Kanji Usage" by Gakken, "Kanji Used in Recent Newspapers" and "Words and Kanji Used in 90 Recent Magazines" by the National Institute of Japanese Language)

5) Personal and place names, and Kanji that are often confronted in everyday-life are introduced in addition to the basic 500 characters.

We must note here that these 500 characters include some Kanji which themselves are not so frequently used but are helpful, because they work as elements of many other Kanji. We also must mention that there are some explanations given in this material which are different from the actual origin of a certain Kanji or radical. This is done because it is felt that these explanations will be more easily understood by students and more effective as aids in memorizing Kanji.

How to use these books

The structure of each unit is as follows:

Unit 1	Lectures on Kanji
Unit 2	Basic Kanji (10~12 characters in each lesson) 2-1 Kanji Writing 2-2 Reading Exercises 2-3 Writing Exercises
Unit 3	Reading Materials (starting after L.10)
Kanji in Daily Life	Do you know these words? Can you use them?

Unit 1

"Lectures on Kanji" introduces you to the explanations (origins, structures, radicals, etc.), the classifications (parts of speech, meanings, situations) and the structures (compounds, affixes) of Kanji. Before each lesson you can pre-read from these lectures and have some idea about the Kanji you are about to study in the classroom. It is even better if you read these again after covering the characters in class.

Unit 2

Unit 2 consists of three parts: Kanji Writing, Reading Exercises and Writing Exercises.

In "Kanji Writing" each column introduces the following information about a character. (see following example)

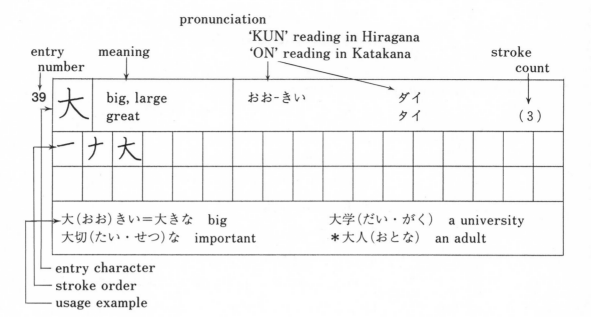

Inflectional words are given in their dictionary forms. However, na-adjectives are given in their noun modifying forms as Adj-な. '( )' shows an uncommon reading. '‒' connects their stems and their inflectional endings.

In the usage example box, respective readings are enclosed in parentheses immediately after Kanji. '＊' marks a special way of reading. '・' indicates the Kanji boundaries.

Firstly memorize the meanings, 'On-Kun' readings and usage examples. It may help you to copy the stroke order several times as you memorize. When you are ready to read those Kanji, you can move on to "Reading Exercises". Exercise Ⅰ contains essential readings which you must be able to read. In Exercise Ⅱ, you can practice reading Kanji in sentences. It is advisable to write the readings down in a notebook and ask your teacher to check them. This will stimulate not only your audio memory but also your visual memory.

After "Reading Exercises" you can practice writing in "Writing Exercises". In Exercise Ⅰ, only basic vocabulary which you can write using the Kanji you have studied is listed. Try to associate the meaning and the reading with the character as you write it.

In Exercise II, you will come across characters you have not yet studied in Exercise I. Exercise II has been deliberately organized in this way to accustom you to the structure of Kanji compounds. Here you will need your teacher's help to check that you are writing Kanji correctly.

Unit 3

"Reading Material" starts from lesson 11. The aim of this is to get you to read Kanji you learned in the passages. First you will read easy paragraphs containing only learned characters. Practice reading several times until you can read correctly and answer the questions. Gradually the reading material will include more variations; tasks and games. In the later lessons, you are expected to grasp the contents faster or to pick up only necessary information from complicated contexts.

The readings have been arranged so that by the end of these lessons, you will feel confident reading passages containing many Kanji.

Kanji in Daily Life

It is not necessary to go through these sessions with the same speed that other parts of the lessons require. You can take your time and read these. These can also be used as topics for classroom conversation.

After every five lessons there are review sessions.

You can also practice these 500 basic Kanji using computers.

Hattori Seiko Co., LTD. published "Let's Learn Nihongo" series in 1988.

The Kanji of these books correspond to the Kanji in "Basic Kanji 500" and "Kanji Dictionary with Writing Practice" of the series.

INTRODUCTION TO
THE JAPANESE WRITING SYSTEM

There are three kinds of characters in Japanese; Hiragana, Katakana and Kanji. Hiragana and Katakana are characters which represent sounds. Kanji, however, are characters which express not only sounds but also meanings. Japanese sentences can be written either using only Hiragana or Katakana, but this does not apply to Kanji.

Look at the following sentences.

1)　　わたしはにほんじんです。

2)　　ワタシハニホンジンデス。

3)　　私は日本人です。

The above three sentences express the same meaning "I am a Japanese", but both sentences 1) and 2) are rarely used. Sentence 1) might be used in children's books and sentence 2) in a telegram. Sentence 3) is the one most commonly written in Japanese.

The Kanji '私' carries not only the sound [WATASHI] but also the meaning "I". '日本人' [NIHONJIN] is the Kanji compound which means "a Japanese". Roughly speaking, the Kanji in Japanese sentences carry certain concepts and Hiragana add the grammatical details to the concepts. It is possible to read Japanese very quickly by picking out the Kanji, thus getting the main concepts of each sentence. Of course, Hiragana are also important in providing understanding of the details of the sentence.

Katakana are used to represent words of foreign origin as in the following.

4)　　私はアメリカ人です。

Sentence 4) means "I am an American." and the part "America" is written in Katakana. Look at the following examples and notice that the original English pronunciations are partly changed since the Japanese language has a different sound system to that of English.

アイスクリーム	[AISUKURIIMU]	ice cream
ウイスキー	[UISUKII]	whisky
テレビ	[TEREBI]	television
ラジオ	[RAJIO]	radio
コンピュータ	[KONPYUUTA]	computer
フランス	[FURANSU]	France
インド	[INDO]	India
スミス	[SUMISU]	Smith

Kanji were introduced from China nearly 2,000 years ago. Hiragana and Katakana were made up from certain Kanji in order to represent the Japanese syllabary. Hiragana were formed by simplifying the whole shape of certain Kanji and Katakana were formed from a single part of a Kanji. (see below)

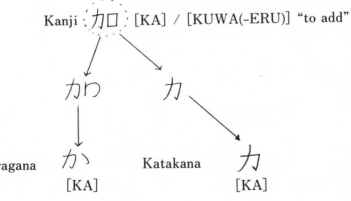

目 次 (Table of Contents) I

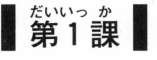

だいいっか
第1課

ユニット 1 ————漢字のはなし（ Lectures on Kanji ）

えからできた漢字 - 1 - (Kanji made from pictures - 1 -)

The ancient Chinese drew pictures of various things around them. These pictures have gradually been simplified and have taken on a square shape to make them easier to write. This is how the present Kanji characters were made. Each Kanji, therefore, carries a specific meaning.

Look at the following picture.

Guess the meanings of the Kanji characters below.

1. 山　2. 川　3. 田　4. 木　5. 日　6. 月　7. 人

8. 口　9. 車　10. 門

These Kanji characters were made from very primitive pictures as follows. Usually each Kanji has at least two ways of being read; the so-called 'KUN YOMI' (Japanese reading) and 'ON YOMI' (Chinese reading).

Picture ⟶	Kanji	'KUN'	'ON'	Meaning
☼ → ⊖ → ⊖ →	日	ひ	[NICHI]	sun day
→ → 月 →	月	つき	[GETSU]	moon month
→ → 木 →	木	き	[MOKU] [BOKU]	tree
→ → 山 →	山	やま	[SAN]	mountain
→ 巛 → 川 →	川	かわ	([SEN])	river
→ 卅 → 田 →	田	た	[DEN]	rice field
→ → 人 →	人	ひと	[JIN] [NIN]	man person
→ → 口 →	口	くち	[KOU]	mouth
→ → 車 →	車	くるま	[SHA]	car
→ → 門 →	門	(かど)	[MON]	gate

※( ) reading is rarely used.

When a single Kanji is used alone as a word, we usually read it by its 'KUN YOMI' (Japanese reading) which gives its meaning. When Kanji are used together with other Kanji to make a word, we often read them by their 'ON YOMI' (Chinese reading). Generally speaking, however, the way of reading Kanji should be decided according to each individual word.

ユニット 2 ——————第一課のきほん漢字（Basic Kanji）

2－1．漢字のかきかた（Kanji Writings）

＜きほんのルール（Basic Rules）＞

ルール1：Make every Kanji the same size and put them in a square.

れい． ×日本語 ○日本語

ルール2：Follow the basic stroke order.

(1) Write from left to right.

(2) Write downward.

(3) Draw strokes from the top to the bottom as follows.

(4) Draw strokes from the left to the right in the following order.

(5) Draw a square in the following way.

(6) When there is a figure in the square, the line which closes the square is drawn last.

c.f. When a stroke line passes through a square, draw that stroke last.

ルール3：There are three basic ways to end a stroke.

① Stop   木   ② Stretch   木   ③ Hook   月

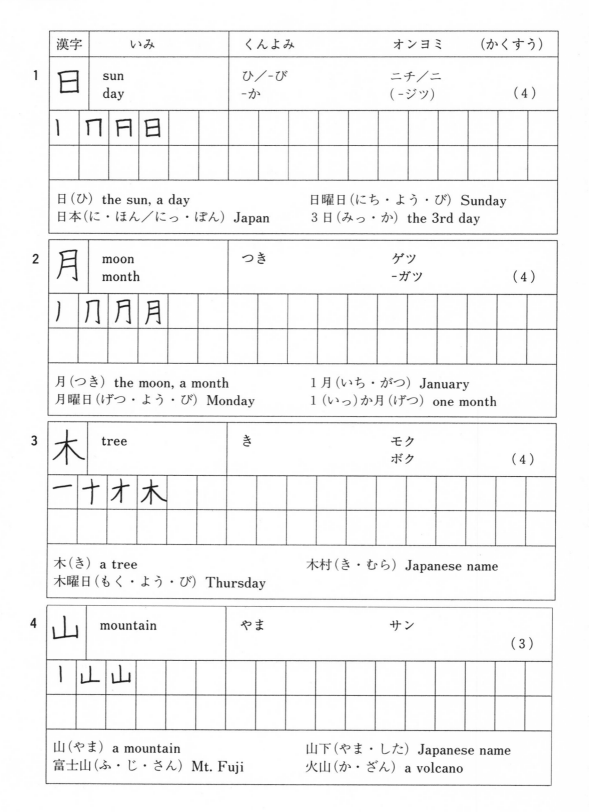

漢字	いみ	くんよみ	オンヨミ	（かくすう）
1 日	sun day	ひ／-び -か	ニチ／ニ （-ジツ）	（4）

丨	冂	日	日										

日（ひ） the sun, a day 　　　　　日曜日（にち・よう・び） Sunday
日本（に・ほん／にっ・ぽん） Japan 　　　3日（みっ・か） the 3rd day

2 月	moon month	つき	ゲツ -ガツ	（4）

丿	几	月	月										

月（つき） the moon, a month 　　　　1月（いち・がつ） January
月曜日（げつ・よう・び） Monday 　　　1（いっ）か月（げつ） one month

3 木	tree	き	モク ボク	（4）

一	十	才	木										

木（き） a tree 　　　　　　　　木村（き・むら） Japanese name
木曜日（もく・よう・び） Thursday

4 山	mountain	やま	サン	（3）

丨	凵	山											

山（やま） a mountain 　　　　　山下（やま・した） Japanese name
富士山（ふ・じ・さん） Mt. Fuji 　　　火山（か・ざん） a volcano

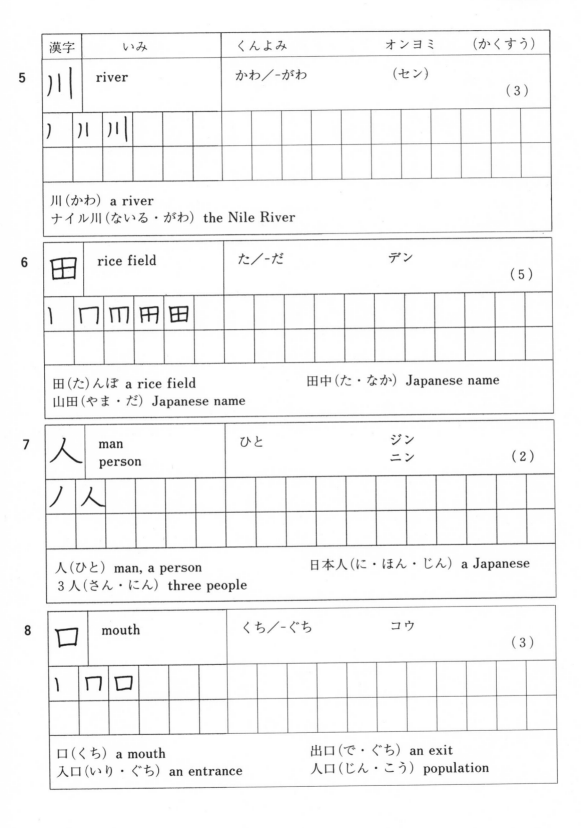

| 漢字 | | いみ | | くんよみ | | オンヨミ | （かくすう） |

5 川　river　　かわ／-がわ　　（セン）　（3）

| ） | 川 | 川 | | | | | | | | | | |

川（かわ）a river
ナイル川（ないる・がわ）the Nile River

6 田　rice field　　た／-だ　　デン　（5）

| 丨 | 冂 | 田 | 田 | 田 | | | | | | | | |

田（た）んぼ a rice field　　田中（た・なか）Japanese name
山田（やま・だ）Japanese name

7 人　man person　　ひと　　ジン ニン　（2）

| ノ | 人 | | | | | | | | | | | |

人（ひと）man, a person　　日本人（に・ほん・じん）a Japanese
3人（さん・にん）three people

8 口　mouth　　くち／-ぐち　　コウ　（3）

| 丨 | 冂 | 口 | | | | | | | | | | |

口（くち）a mouth　　出口（で・ぐち）an exit
入口（いり・ぐち）an entrance　　人口（じん・こう）population

漢字	いみ		くんよみ	オンヨミ	（かくすう）

9 車　car　　くるま　　シャ　　（7）

一　厂　万　百　百　亘　車

車（くるま）a car　　　　　　　電車（でん・しゃ）a train
自動車（じ・どう・しゃ）a car, an automobile

10 門　gate　　（かど）　　モン　　（8）

丨　冂　冃　阝　門　門　門　門

門（もん）a gate
専門（せん・もん）a speciality

2-2. よみれんしゅう（Reading Exercises）

Ⅰ. Write the reading of the following Kanji in Hiragana.

1. 木　　　2. 車　　　3. 月　　　4. 門　　　5. 日

6. 人　　　7. 口　　　8. 山　　　9. 川　　　10. 田

11. 人 口　　12. 山 田 さん

Ⅱ. Write the reading of the following Kanji in Hiragana.

1. 日 曜 日　2. 月 曜 日　3. 木 曜 日　4. 日 本
　　　よう　　　　　よう　　　　　よう　　　　　ほん

5. きょうは３月１５日です。　Today is the 15th of March.

6. あの人は山川さんです。　That man over there is Mr. Yamakawa.

7. 山川さんは日本人です。Mr. Yamakawa is a Japanese.
　　　　　　　　ほん

8. あの山は筑波山です。　That mountain over there is
　　　　　　つくば　　　　　Mt. Tsukuba.

9. この川は利根川です。　This river is the Tone River.
　　　　　　とね

10. 川田さんの専門は車です。　Mr. Kawada's specialty is cars.
　　　　　　　　せん

2−3. かきれんしゅう（Writing Exercises）

I. Fill in the blanks with an appropriate Kanji.

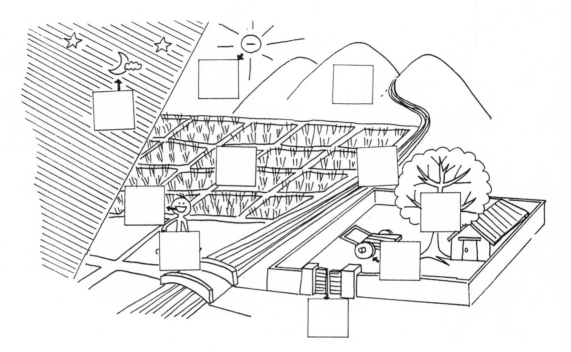

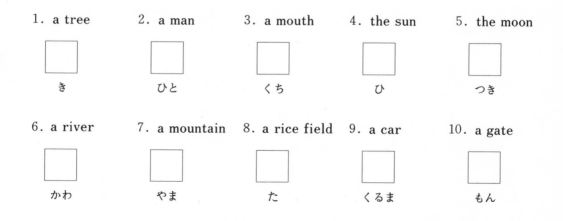

1. a tree

□

き

2. a man

□

ひと

3. a mouth

□

くち

4. the sun

□

ひ

5. the moon

□

つき

6. a river

□

かわ

7. a mountain

□

やま

8. a rice field

□

た

9. a car

□

くるま

10. a gate

□

もん

Ⅱ. Fill in the blanks with an appropriate Kanji.

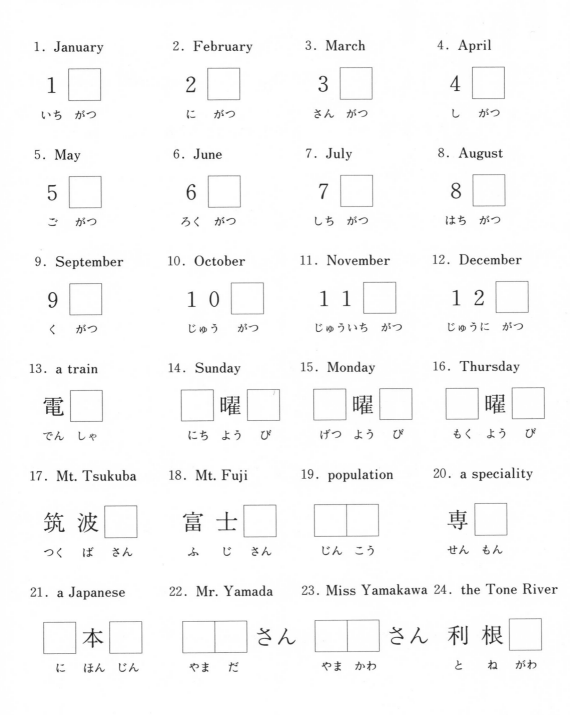

1. January

1 ☐
いち　がつ

2. February

2 ☐
に　がつ

3. March

3 ☐
さん　がつ

4. April

4 ☐
し　がつ

5. May

5 ☐
ご　がつ

6. June

6 ☐
ろく　がつ

7. July

7 ☐
しち　がつ

8. August

8 ☐
はち　がつ

9. September

9 ☐
く　がつ

10. October

1 0 ☐
じゅう　がつ

11. November

1 1 ☐
じゅういち　がつ

12. December

1 2 ☐
じゅうに　がつ

13. a train

電 ☐
でん　しゃ

14. Sunday

☐ 曜 ☐
にち　よう　び

15. Monday

☐ 曜 ☐
げつ　よう　び

16. Thursday

☐ 曜 ☐
もく　よう　び

17. Mt. Tsukuba

筑 波 ☐
つく　ば　さん

18. Mt. Fuji

富 士 ☐
ふ　じ　さん

19. population

☐ ☐
じん　こう

20. a speciality

専 ☐
せん　もん

21. a Japanese

☐ 本 ☐
に　ほん　じん

22. Mr. Yamada

☐ ☐ さん
やま　だ

23. Miss Yamakawa

☐ ☐ さん
やま　かわ

24. the Tone River

利 根 ☐
と　ね　がわ

— 9 —

第2課
だい に か

ユニット 1 ──────漢字のはなし（ Lectures on Kanji ）

えからできた漢字 -2- （ Kanji made from pictures -2- ）

Look at the following picture.　Each drawing indicates a certain meaning.

Guess the meaning of the Kanji characters below.

1. 火　2. 女　3. 金　4. 生　5. 子　6. 学　7. 土
8. 水　9. 先

These Kanji characters were made from very primitive pictures as follows. Remember that each Kanji has its 'KUN YOMI' (Japanese reading) and 'ON YOMI' (Chinese reading).

Picture →	Kanji	'KUN'	'ON'	Meaning
灸 → 災 → 火	火	ひ	[KA]	fire
水 → 水 → 水	水	みず	[SUI]	water
金 → 金 → 金	金	かね	[KIN]	gold money metal
主 → 土 → 土	土	つち	[DO]	ground earth soil
子 → 子 → 子	子	こ	[SHI]	child
女 → 女 → 女	女	おんな	[JO]	woman female
学 → 学 → 学	学	(まな-ぶ)	[GAKU]	study
生 → 生 → 生	生	い-きる う-まれる	[SEI]	live birth
先 → 先 → 先	先	さき	[SEN]	foregoing previous

Usually the 'ON YOMI' (Chinese reading) of Kanji will be written using Katakana in a Kanji dictionary. Therefore, students are expected to learn Katakana as soon as possible after mastering Hiragana.

ユニット 2 ──────第二課のきほん漢字（Basic Kanji）

２－１．漢字のかきかた（Kanji Writings）

＜きほんの画^{かく}（Basic Strokes）＞

(1) **a horizontal line**

	いち	つち	くるま
れい.	一	土	車

(2) **a vertical line**

	かわ	つち	やま
れい.	川	土	山

(3) **a slanting line**

	ひと	き	かね
れい.	人	木	金

(4) **a short hook**

	つき	みず	こ
れい.	月	水	子

(5) **a long hook**

	さき	きゅう	こころ
れい.	先	九	心

(6) **a corner**

	くち	やま	おんな	わたし
れい.	口	山	女	私

(7) **a dot and various short lines**

	ひ	がく	かね	せい
れい.	火	学	金	生

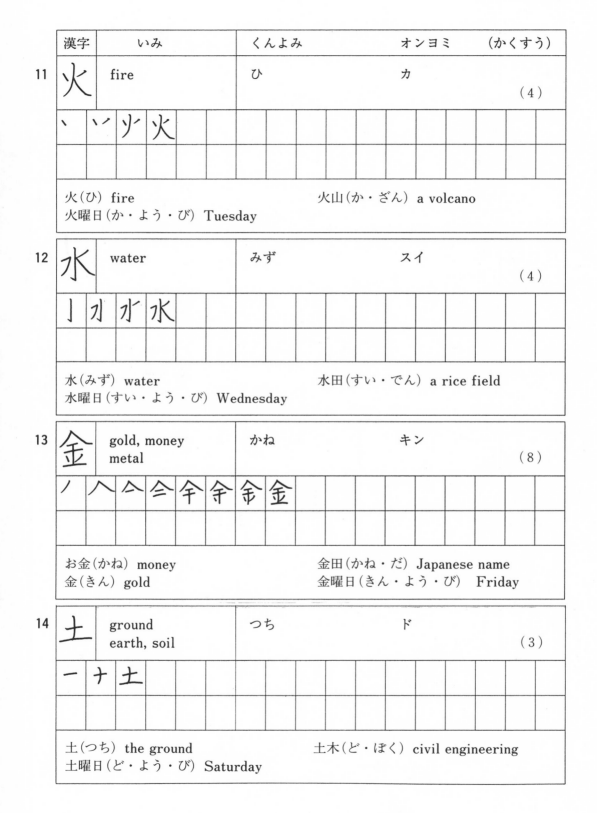

	漢字	いみ	くんよみ	オンヨミ	（かくすう）

11 火　fire　　ひ　　カ　　（4）

、　'丶　ソ　火

火（ひ）fire　　火山（か・ざん）a volcano
火曜日（か・よう・び）Tuesday

12 水　water　　みず　　スイ　　（4）

亅　ナ　水　水

水（みず）water　　水田（すい・でん）a rice field
水曜日（すい・よう・び）Wednesday

13 金　gold, money metal　　かね　　キン　　（8）

ノ　人　今　今　全　金　金　金

お金（かね）money　　金田（かね・だ）Japanese name
金（きん）gold　　金曜日（きん・よう・び）Friday

14 土　ground earth, soil　　つち　　ド　　（3）

一　十　土

土（つち）the ground　　土木（ど・ぼく）civil engineering
土曜日（ど・よう・び）Saturday

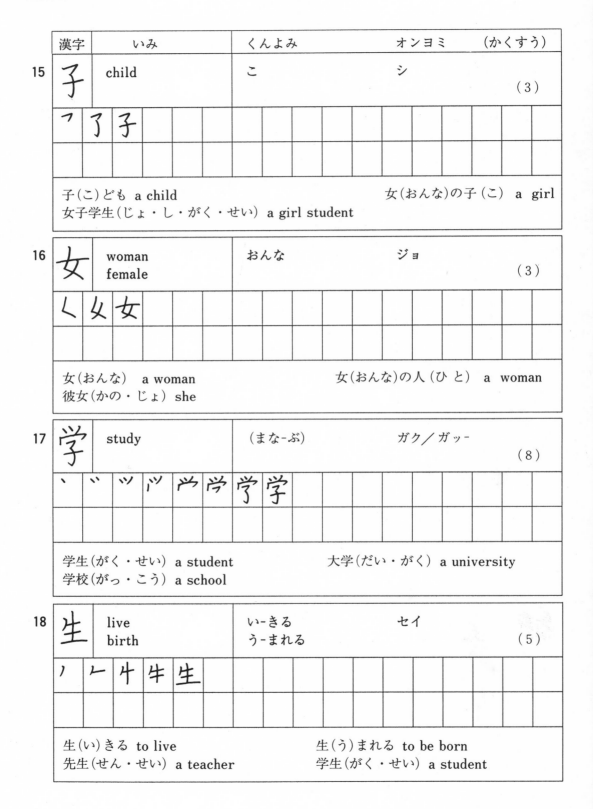

漢字	いみ	くんよみ	オンヨミ　　（かくすう）

15 子　child　こ　シ　（3）

ｱ　了　子

子（こ）ども　a child　　　　　　女（おんな）の子（こ）　a girl
女子学生（じょ・し・がく・せい）a girl student

16 女　woman female　おんな　ジョ　（3）

く　女　女

女（おんな）　a woman　　　　　女（おんな）の人（ひと）　a woman
彼女（かの・じょ）she

17 学　study　（まな-ぶ）　ガク／ガッ-　（8）

丶　丷　ツ　ヅ　ヅ　学　学　学

学生（がく・せい）a student　　　大学（だい・がく）a university
学校（がっ・こう）a school

18 生　live birth　い-きる う-まれる　セイ　（5）

ノ　ヒ　牛　生　生

生（い）きる　to live　　　　　　生（う）まれる　to be born
先生（せん・せい）a teacher　　　学生（がく・せい）a student

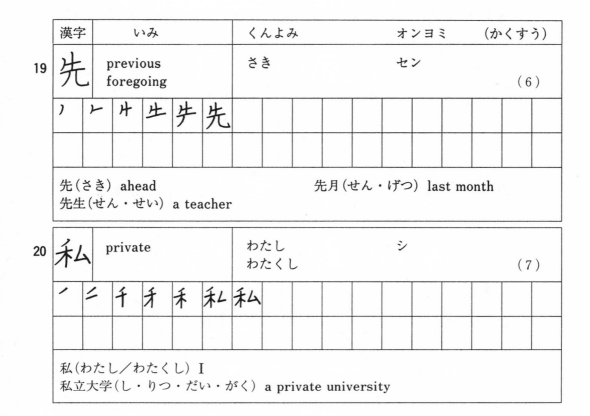

漢字	いみ	くんよみ	オンヨミ	（かくすう）

19 先　previous foregoing　さき　セン　（6）

ノ　ｒ　牛　生　先　先

先（さき）ahead　　　　　先月（せん・げつ）last month
先生（せん・せい）a teacher

20 私　private　わたし わたくし　シ　（7）

ノ　二　千　禾　禾　私　私

私（わたし／わたくし）I
私立大学（し・りつ・だい・がく）a private university

2－2．よみれんしゅう（Reading Exercises）

Ⅰ．Write the reading of the following Kanji in Hiragana.

1. 私   2. 子   3. 女   4. 火   5. 水   6. 金   7. 土

8. 月曜日   9. 火曜日   10. 水曜日   11. 木曜日

12. 金曜日   13. 土曜日   14. 日曜日   15. 学生   16. 先生

Ⅱ．Write the reading of the following Kanji in Hiragana.

1. これは山川さんのお金です。

2. すみません。水をください。

3. あの女の人は学生です。

4. 私は先生ではありません。

5. 金田さんは大学の先生です。

6. あの女子学生は２１です。　That girl student is 21 years old.

7. 私の生年月日は１９６０年３月１１日です。　My date of birth is
　　　　　　　　　　　　　　　　　　　　　the 11th of March 1960.

2－3．かきれんしゅう（Writing Exercises）

Ⅰ．Fill in the blanks with an appropriate Kanji.

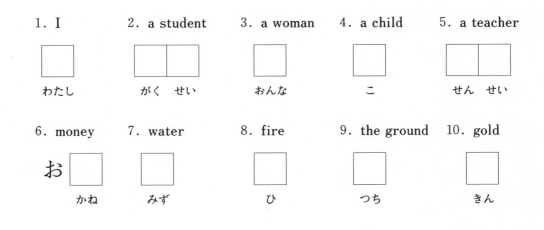

1. I

□

わたし

2. a student

□□

がく　せい

3. a woman

□

おんな

4. a child

□

こ

5. a teacher

□□

せん　せい

6. money

お□

かね

7. water

□

みず

8. fire

□

ひ

9. the ground

□

つち

10. gold

□

きん

Ⅱ. Fill in the blanks with an appropriate Kanji.

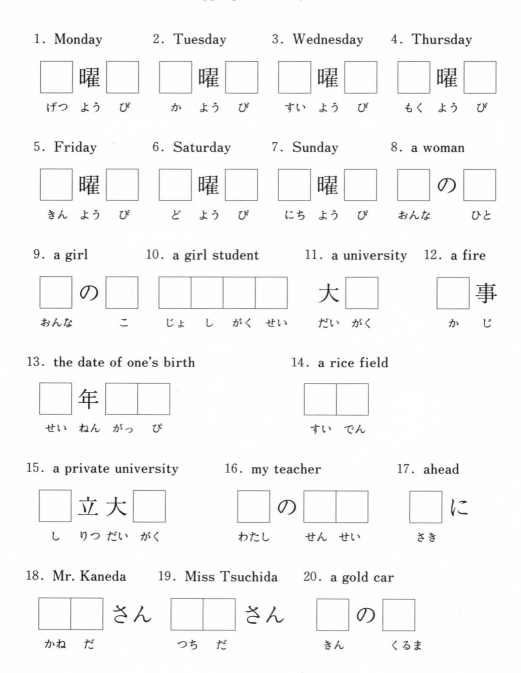

1. Monday

□ 曜 □
げつ　よう　び

2. Tuesday

□ 曜 □
か　よう　び

3. Wednesday

□ 曜 □
すい　よう　び

4. Thursday

□ 曜 □
もく　よう　び

5. Friday

□ 曜 □
きん　よう　び

6. Saturday

□ 曜 □
ど　よう　び

7. Sunday

□ 曜 □
にち　よう　び

8. a woman

□ の □
おんな　　ひと

9. a girl

□ の □
おんな　　こ

10. a girl student

□ □ □ □
じょ　し　がく　せい

11. a university

大 □
だい　がく

12. a fire

□ 事
か　じ

13. the date of one's birth

□ 年 □ □
せい　ねん　がっ　ぴ

14. a rice field

□ □
すい　でん

15. a private university

□ 立 大 □
し　りつ　だい　がく

16. my teacher

□ の □ □
わたし　　せん　せい

17. ahead

□ に
さき

18. Mr. Kaneda

□ □ さん
かね　だ

19. Miss Tsuchida

□ □ さん
つち　だ

20. a gold car

□ の □
きん　　くるま

 しっていますか  できますか

(Do you know these words?   Can you use them?)

＜カレンダー（a calendar）＞

2月

日	月	火	水	木	金	土
1	2	3	4	5	6	7
8	9	10	11	12	13	14
15	16	17	18	19	20	21
22	23	24	25	26	27	28

[Questions]

1.　2月12日は何曜日（なんようび）ですか。

2.　2月15日は何曜日ですか。

3.　2月17日は何曜日ですか。

4.　2月21日は何曜日ですか。

5.　2月23日は何曜日ですか。

第3課
<ruby>第<rt>だい</rt>3<rt>さん</rt>課<rt>か</rt></ruby>

ユニット 1 ──────漢字のはなし（ Lectures on KANJI ）

数字 （Numbers）
<ruby>数字<rt>すうじ</rt></ruby>

Abstract ideas like numbers are indicated with the fingers and other signs. Look at the following signs. "-つ" is the Hiragana ending.

Sign	⟶			Kanji	'KUN'	'ON'	Meaning
	→ 一 → 一 →	一	ひと-つ	[ICHI]	one
	→ 二 → 二 →	二	ふた-つ	[NI]	two
	→ 三 → 三 →	三	みっ-つ	[SAN]	three
2+2	→ 𠔿 → 四 →	四	よっ-つ	[SHI]	four
3+2	→ 𦰩 → 丑 →	五	いつ-つ	[GO]	five
3+3	→ 穴 → 六 →	六	むっ-つ	[ROKU]	six
5+2	→ 七 → 七 →	七	なな-つ	[SHICHI]	seven
4+4	→ 八 → 八 →	八	やっ-つ	[HACHI]	eight
	→ 九 → 九 →	九	ここの-つ	[KYUU] [KU]	nine
5+5	→ 十 → 十 →	十	とお	[JUU]	ten

ユニット 2 ──────── 第三課のきほん漢字（Basic Kanji）

2−1. 漢字のかきかた（Kanji Writings）

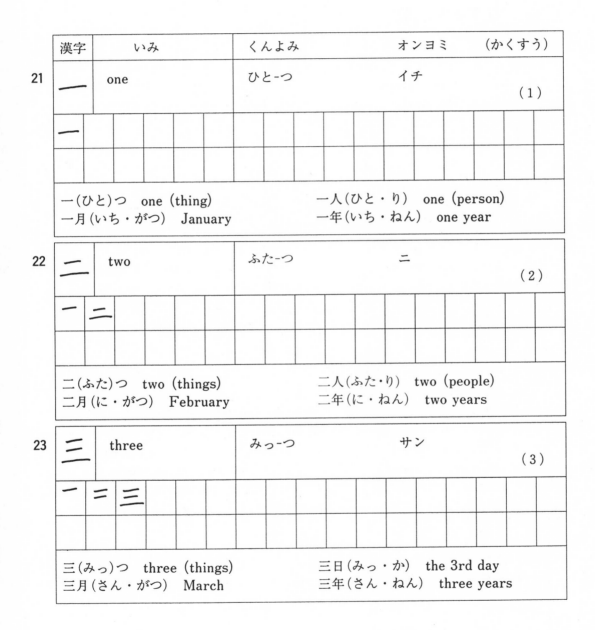

漢字	いみ	くんよみ	オンヨミ	（かくすう）
21 一	one	ひと-つ	イチ	（1）

一（ひと）つ　one (thing)　　一人（ひと・り）　one (person)
一月（いち・がつ）　January　　一年（いち・ねん）　one year

| 22 二 | two | ふた-つ | ニ | （2） |

二（ふた）つ　two (things)　　二人（ふた・り）　two (people)
二月（に・がつ）　February　　二年（に・ねん）　two years

| 23 三 | three | みっ-つ | サン | （3） |

三（みっ）つ　three (things)　　三日（みっ・か）　the 3rd day
三月（さん・がつ）　March　　三年（さん・ねん）　three years

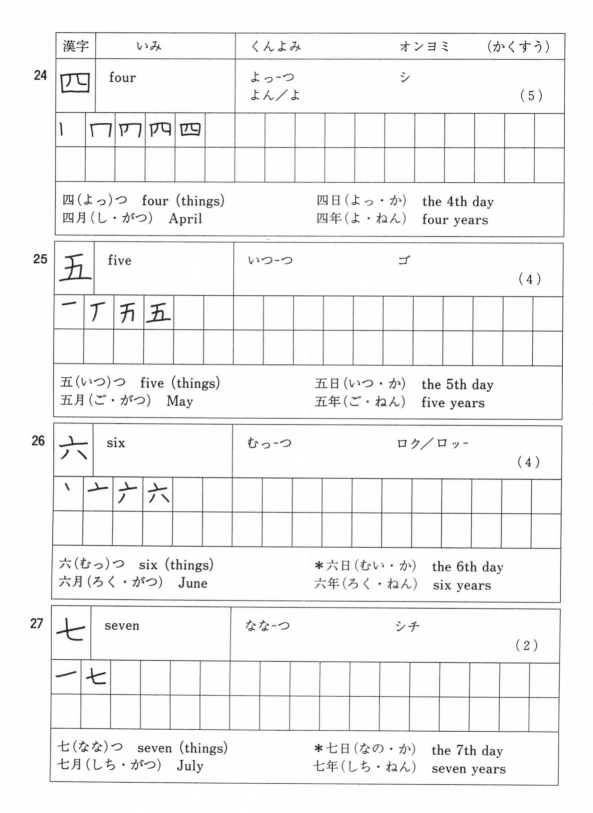

漢字	いみ	くんよみ	オンヨミ　　（かくすう）

24 四　four

よっ-つ　　　　シ
よん／よ　　　　　　　　　　（5）

一	冂	冂	四	四									

四（よっ）つ　four (things)　　　　四日（よっ・か）　the 4th day
四月（し・がつ）　April　　　　　四年（よ・ねん）　four years

25 五　five

いつ-つ　　　　ゴ
　　　　　　　　　　（4）

一	丁	万	五										

五（いつ）つ　five (things)　　　　五日（いつ・か）　the 5th day
五月（ご・がつ）　May　　　　　五年（ご・ねん）　five years

26 六　six

むっ-つ　　　　ロク／ロッ-
　　　　　　　　　　（4）

丶	亠	六	六										

六（むっ）つ　six (things)　　　　＊六日（むい・か）　the 6th day
六月（ろく・がつ）　June　　　　六年（ろく・ねん）　six years

27 七　seven

なな-つ　　　　シチ
　　　　　　　　　　（2）

一	七												

七（なな）つ　seven (things)　　　＊七日（なの・か）　the 7th day
七月（しち・がつ）　July　　　　七年（しち・ねん）　seven years

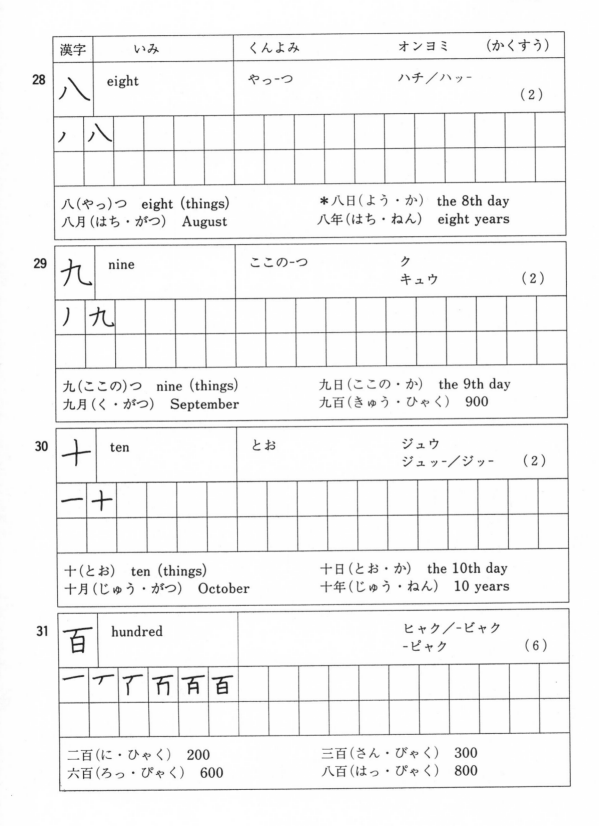

漢字	いみ	くんよみ	オンヨミ	（かくすう）

28 八　eight　　やっ-つ　　ハチ／ハッ-　（2）

ノ 八

八（やっ）つ　eight（things）　　＊八日（よう・か）　the 8th day
八月（はち・がつ）　August　　八年（はち・ねん）　eight years

29 九　nine　　ここの-つ　　ク　キュウ　（2）

ノ 九

九（ここの）つ　nine（things）　　九日（ここの・か）　the 9th day
九月（く・がつ）　September　　九百（きゅう・ひゃく）　900

30 十　ten　　とお　　ジュウ　ジュッ-／ジッ-　（2）

一 十

十（とお）　ten（things）　　十日（とお・か）　the 10th day
十月（じゅう・がつ）　October　　十年（じゅう・ねん）　10 years

31 百　hundred　　ヒャク／-ビャク　-ピャク　（6）

一 丁 丆 石 百 百

二百（に・ひゃく）　200　　三百（さん・びゃく）　300
六百（ろっ・ぴゃく）　600　　八百（はっ・ぴゃく）　800

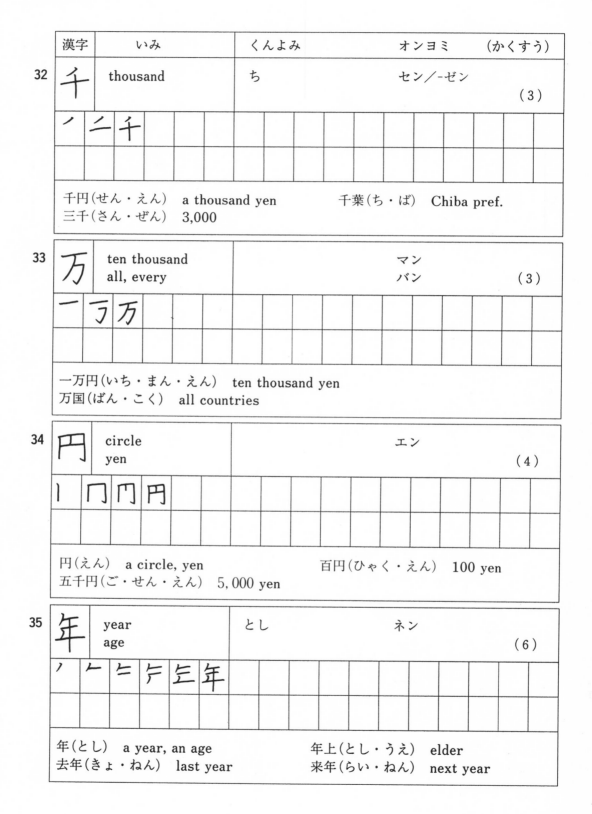

	漢字	いみ	くんよみ	オンヨミ	（かくすう）
32	千	thousand	ち	セン／-ゼン	（3）

ノ 二 千

千円（せん・えん）　a thousand yen　　　千葉（ち・ば）　Chiba pref.
三千（さん・ぜん）　3,000

33	万	ten thousand all, every		マン バン	（3）

一 丁 万

一万円（いち・まん・えん）　ten thousand yen
万国（ばん・こく）　all countries

34	円	circle yen		エン	（4）

１ 冂 冂 円

円（えん）　a circle, yen　　　　　百円（ひゃく・えん）　100 yen
五千円（ご・せん・えん）　5,000 yen

35	年	year age	とし	ネン	（6）

ノ 上 午 午 年 年

年（とし）　a year, an age　　　　　年上（とし・うえ）　elder
去年（きょ・ねん）　last year　　　来年（らい・ねん）　next year

2−2. よみれんしゅう（Reading Exercises）

Write the reading of the following Kanji in Hiragana. (Read vertically from the right.)

II

一、三月三日　二、六月二十四日

三、一九八五年　四、〇三―四六九―八二五一

五、きょうは九月九日の水よう日です。

六、五月五日は子どもの日です。

七、このくにの人口は六千万人ぐらいです。

八、二月七日は金よう日ではありません。

十、一年は三百六十五日です。

九、あの山は二千メートルです。

八、この車は四十五万円です。

七、山田先生の年は四十九です。

I

一、百円　二、六千九百円　三、六百円

四、一万七千円　五、四か月　六、八年

I. 1. ¥100　　　2. ¥6,900　　　3. ¥600

4. ¥17,000　　5. 4 months　　6. 8 years

7. Professor Yamada's age is 49.

8. This car costs ¥450,000.

9. That mountain is 2,000 meters high.

10. One year has 365 days.

II. 1. the 3rd of March　　2. the 24th of June

3. the year 1985　　　　4. 03-469-8251

5. Today is Wednesday the 9th of September.

6. The 5th of May is Children's Day.

7. The population of this country is about 60,000,000.

8. The 7th of February is not Friday.

2－2．かきれんしゅう（Writing Exercises）

Fill in the blanks with an appropriate Kanji.

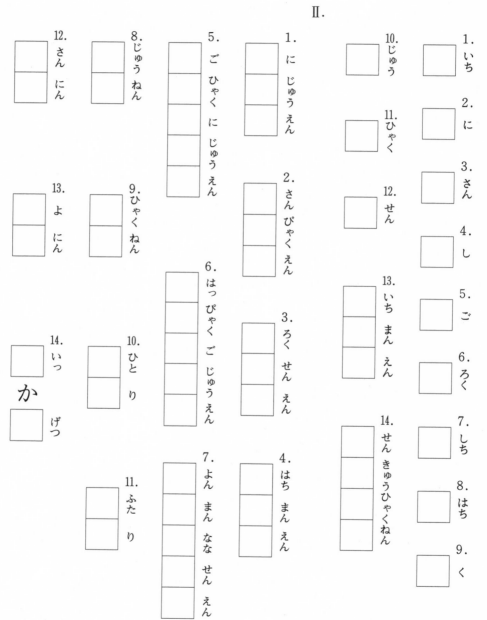

Ⅱ.

Ⅰ.

1. いち

2. に

3. さん

4. し

5. ご

6. ろく

7. しち

8. はち

9. く

10. じゅう

11. ひゃく

12. せん

13. いち まん えん

14. せん きゅう ひゃく ねん

1. に じゅう えん

2. さん びゃく えん

3. ろく せん えん

4. はち まん えん

5. ご ひゃく に じゅう えん

6. はっ ぴゃく ご じゅう えん

7. よん まん なな せん えん

8. じゅう ねん

9. ひゃく ねん

10. ひとり

11. ふたり

12. さん にん

13. よ にん

14. いっ か げつ

27. わたし の せいねんがっぴ は せんきゅうひゃくろくじゅうごねん しがつにじゅうしちにち です。

24. じゅうがつ とおか

25. じゅういち がつ

26. じゅうに がつ

21. しち がつ なのか

22. はち がつ ようか

23. く がつ ここのか

18. し がつ よっか

19. ご がつ いつか

20. ろく がつ むいか

15. いち がつ ついたち

16. に がつ ふつか

17. さん がつ みっか

1. ¥20
2. ¥300
3. ¥6,000
4. ¥80,000
5. ¥520
6. ¥850
7. ¥47,000
8. 10 years
9. 100 years
10. one person
11. two people
12. three people
13. four people
14. one month
15. the 1st of January
16. the 2nd of February
17. the 3rd of March
18. the 4th of April
19. the 5th of May
20. the 6th of June
21. the 7th of July
22. the 8th of August
23. the 9th of September
24. the 10th of October
25. November
26. December
27. My date of birth is the 27th of April 1965.

Lesson 3

しっていますか できますか

(Do you know these words?　Can you use them?)

I. 八百屋 (Greengrocer)

1. りんご (an apple) は、一ついくらですか。

2. みかん (an orange) は、一ついくらですか。

3. ぶどう (a grape) は、一ついくらですか。

4. すいか (a watermelon) は、一ついくらですか。

5. バナナ (a banana) は、一本 (いっぽん) いくらですか。

6. きゅうり (a cucumber) は、一本いくらですか。

7. トマト (a tomato) は、一ついくらですか。

8. にんじん (a carrot) は、一本いくらですか。

9. たまねぎ (an onion) は、一ついくらですか。

10. キャベツ (a cabbage) は、一ついくらですか。

II. そば屋(や) (Japanese Noodle Shop)

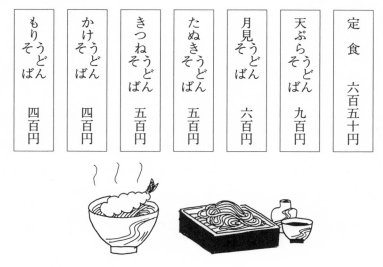

もりうどんそば	かけうどんそば	きつねうどんそば	たぬきうどんそば	月見うどんそば	天ぷらうどんそば	定食
四百円	四百円	五百円	五百円	六百円	九百円	六百五十円

もりそば　　　thin buckwheat noodles served on a bamboo tray

　　うどん　　thick white noodles served on a bamboo tray

かけ〜　　　　noodles in hot soup

きつね〜　　　noodles with fried bean curd, served in hot soup
　　　　　　　　(きつね means 'a fox' and it is believed that fried bean curd is
　　　　　　　　the favorite food of the fox.)

たぬき〜　　　noodles with bits of deep-fried tempura batter, served in hot
　　　　　　　　soup
　　　　　　　　(たぬき means 'a badger.')

月見 (つきみ) 〜　　noodles with an egg, served in hot soup (月見 means
　　　　　　　　'moon-viewing.')

天 (てん) ぷら〜　　noodles with some fried vegetables and prawns, served in
　　　　　　　　hot soup

定食(ていしょく)　the daily special, usually served with a bowl of rice, soy-
　　　　　　　　bean soup and some pickled vegetables

第4課
だいよん か

ユニット 1 ——— 漢字のはなし（Lectures on KANJI）

記号からできた漢字 （Kanji made from signs）
き ごう

Abstract ideas which are impossible to illustrate are indicated with the help of points and lines.　Look at the followings.

Sign	→			Kanji	'KUN'	'ON'	Meaning
上	→	上	→	上	うえ	[JOU]	above up
下	→	下	→	下	した	[GE]	under down
中	→	中	→	中	なか	[CHUU]	middle inside
大	→	大	→	大	おお-きい	[DAI]	big
小	→	小	→	小	ちい-さい	[SHOU]	small
本	→	本	→	本	もと	[HON]	root origin book
半	→	半	→	半	(なか-ば)	[HAN]	half
分	→	分	→	分	わ-ける	[FUN] [BUN]	divide
力	→	力	→	力	ちから	[RYOKU]	power

ユニット 2 ──── 第四課のきほん漢字（Basic Kanji）

2−1. 漢字のかきかた（Kanji Writings）

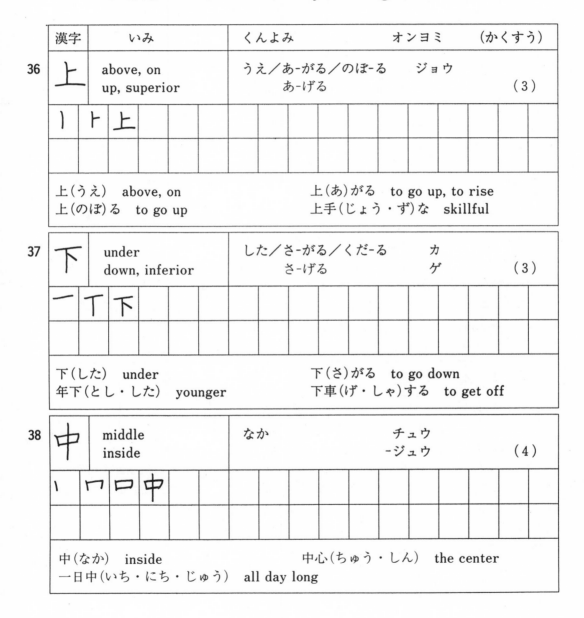

	漢字	いみ	くんよみ	オンヨミ	（かくすう）

36 上 above, on up, superior — うえ／あ-がる／のぼ-る　ジョウ　あ-げる　（3）

丨 卜 上

上（うえ）　above, on
上（のぼ）る　to go up
上（あ）がる　to go up, to rise
上手（じょう・ず）な　skillful

37 下 under down, inferior — した／さ-がる／くだ-る　カ　さ-げる　ゲ　（3）

一 丁 下

下（した）　under
年下（とし・した）　younger
下（さ）がる　to go down
下車（げ・しゃ）する　to get off

38 中 middle inside — なか　チュウ　-ジュウ　（4）

丨 冂 口 中

中（なか）　inside
一日中（いち・にち・じゅう）　all day long
中心（ちゅう・しん）　the center

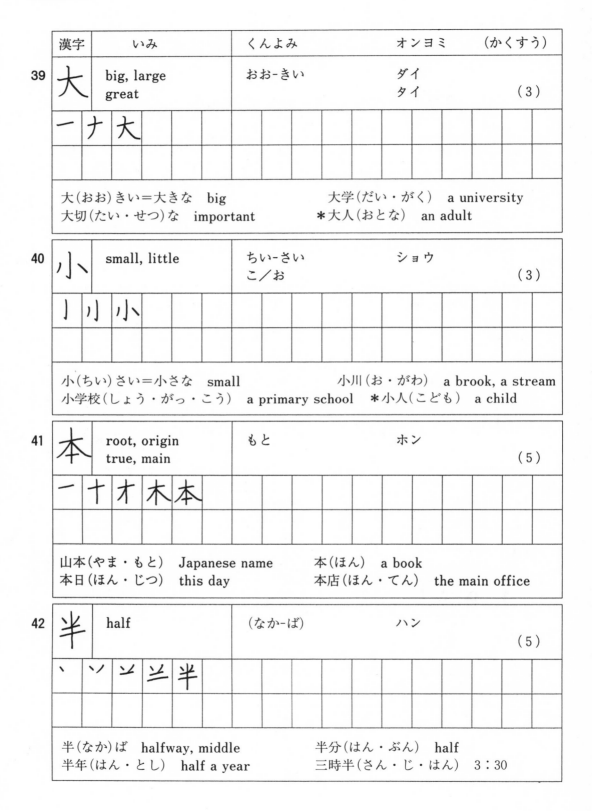

漢字	いみ	くんよみ	オンヨミ （かくすう）
39 大	big, large great	おお-きい	ダイ タイ （3）

一 ナ 大

大（おお）きい＝大きな　big　　　　　　　大学（だい・がく）　a university
大切（たい・せつ）な　important　　　　＊大人（おとな）　an adult

40 小	small, little	ちい-さい こ／お	ショウ （3）

丿 刂 小

小（ちい）さい＝小さな　small　　　　　　小川（お・がわ）　a brook, a stream
小学校（しょう・がっ・こう）　a primary school　＊小人（こども）　a child

41 本	root, origin true, main	もと	ホン （5）

一 十 オ 木 本

山本（やま・もと）　Japanese name　　　本（ほん）　a book
本日（ほん・じつ）　this day　　　　　　本店（ほん・てん）　the main office

42 半	half	（なか-ば）	ハン （5）

丶 ソ ⺌ ⺍ 半

半（なか）ば　halfway, middle　　　　　　半分（はん・ぶん）　half
半年（はん・とし）　half a year　　　　　三時半（さん・じ・はん）　3：30

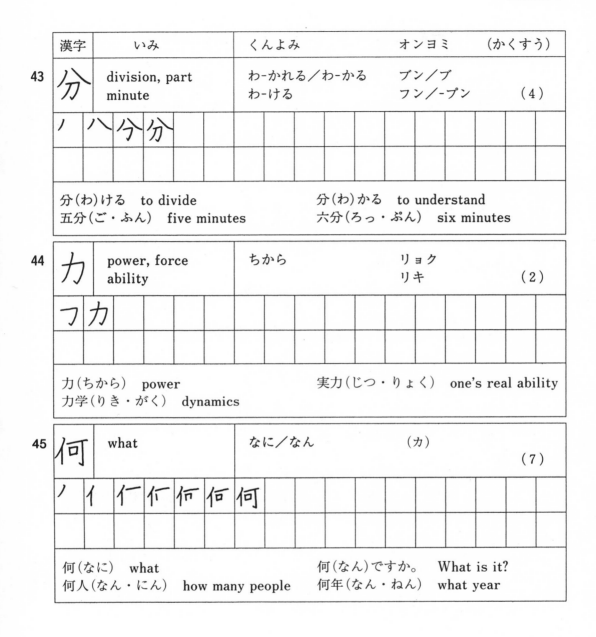

漢字	いみ	くんよみ	オンヨミ （かくすう）
43 分	division, part minute	わ-かれる／わ-かる わ-ける	ブン／ブ フン／-プン （4）

ノ 八 分 分

分(わ)ける to divide　　　　　分(わ)かる to understand
五分(ご・ふん) five minutes　　六分(ろっ・ぷん) six minutes

| 44 力 | power, force
ability | ちから | リョク
リキ （2） |

フ 力

力(ちから) power　　　　　　実力(じつ・りょく) one's real ability
力学(りき・がく) dynamics

| 45 何 | what | なに／なん | （カ）
（7） |

ノ イ 仁 仁 伺 伺 何

何(なに) what　　　　　　　　何(なん)ですか。 What is it?
何人(なん・にん) how many people　　何年(なん・ねん) what year

2-2. よみれんしゅう（Reading Exercises）

Ⅰ. Write the reading of the following Kanji in Hiragana.

1. 本　2. 何　3. 力　4. 上　5. 下　6. 中　7. 日本

8. 大きい　　9. 小さい　　10. 分かる　　11. 分ける　　12. 半分

13. 大学　　14. 中学　　15. 七分　　16. 何年

Ⅱ. Write the reading of the following Kanji in Hiragana.

1. これは何の本ですか。　日本語の本です。

2. 山田さんの専門は力学ではありません。

3. つくえの上にお金があります。　There is some money on the desk.

4. 車の中に小さいかばんがあります。　There is a small bag in the car.

5. 大きいケーキを半分に分けました。　We divided a big cake in two.

6. あなたの生年月日は何年何月何日ですか。

7. いま何時何分ですか。　九時五十分です。

8. 上りと下りの電車　　9. 上がる　10. 下がる

2-3. かきれんしゅう（Writing Exercises）

I. Fill in the blanks with an appropriate Kanji.

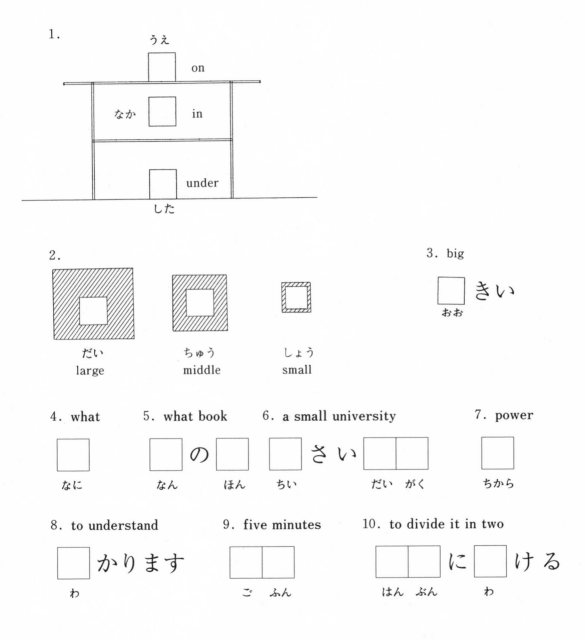

1.

うえ □ on

なか □ in

した □ under

2.

だい large　　ちゅう middle　　しょう small

3. big

□ きい
おお

4. what

□
なに

5. what book

□ の □
なん　　ほん

6. a small university

□ さい □ □
ちい　　だい がく

7. power

□
ちから

8. to understand

□ かります
わ

9. five minutes

□ □
ご ふん

10. to divide it in two

□ □ に □ ける
はん ぶん　　わ

Ⅱ. Fill in the blanks with an appropriate Kanji.

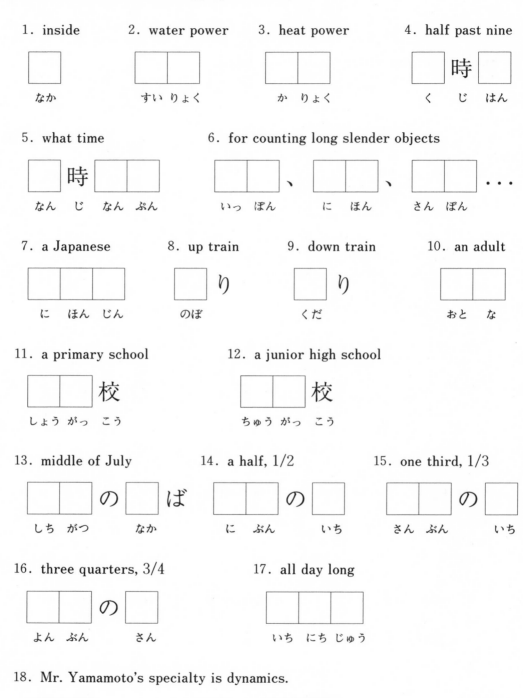

1. inside
　なか

2. water power
　すい　りょく

3. heat power
　か　りょく

4. half past nine
　く　時　じ　はん

5. what time
　なん　時　じ　なん　ぷん

6. for counting long slender objects
　いっ　ぽん　、　に　ほん　、　さん　ぽん　・・・

7. a Japanese
　に　ほん　じん

8. up train
　のぼ　り

9. down train
　くだ　り

10. an adult
　おと　な

11. a primary school
　しょう　がっ　校　こう

12. a junior high school
　ちゅう　がっ　校　こう

13. middle of July
　しち　がつ　の　なか　ば

14. a half, 1/2
　に　ぶん　の　いち

15. one third, 1/3
　さん　ぶん　の　いち

16. three quarters, 3/4
　よん　ぶん　の　さん

17. all day long
　いち　にち　じゅう

18. Mr. Yamamoto's specialty is dynamics.
　やま　もと　さんの専　せん　もん　は　りき　がく　です。

 しっていますか □ できますか □

(Do you know these words? Can you use them?)

＜駅でみる漢字（Kanji at a station）＞

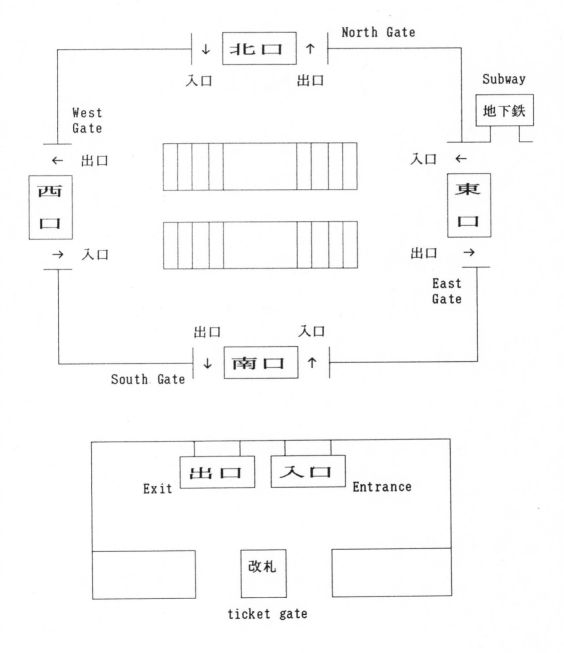

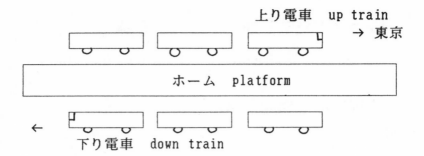

上り電車　up train
→ 東京

ホーム　platform

← 下り電車　down train

[Questions]　What is the meaning of the following Kanji?

1. 改札 （かいさつ）

2. 出口 （でぐち）

3. 入口 （いりぐち）

4. 上り （のぼり）

5. 下り （くだり）

6. 東口 （ひがしぐち）

7. 西口 （にしぐち）

8. 北口 （きたぐち）

9. 南口 （みなみぐち）

10. 地下鉄 （ちかてつ）

第5課

だい ご か

| ユニット 2 |————— 漢字のはなし（ Lectures on Kanji ）

意味の組み合わせからできた漢字
（ Kanji made from a combination of the meanings ）

い み く あ

What does the Kanji 「日」 mean? It means 'the sun.' What does the Kanji 「月」 mean? It means 'the moon.' Then, what do you think the Kanji 「明」 means? It means 'bright'!

Some Kanji are made by combining rather simple characters. Now, guess the meaning of the following Kanji.

1. 休   2. 林   3. 森   4. 好
5. 体   6. 男   7. 間   8. 東

Look at the following examples and see how each character was combined and made into a new meaning.

Combination   Kanji   'KUN'   'ON'   Meaning

日　＋　月　→　明   あか-るい   [MEI]   bright
sun   moon   both the sun and the moon are 'bright'

人　＋　木　→　休   やす-む   [KYUU]   rest
man   tree   a man is 'resting' beside a tree

人　＋　本　→　体   からだ   [TAI]   the body
man   origin   the origin of a man is 'the body'

女　＋　子　→　好   す-き   [KOU]   love, like
woman   child   a woman 'loves' a child

Combination			Kanji	'KUN'	'ON'	Meaning

田 ＋ 力 → 男　　おとこ　　[DAN]　　a man, male

rice field　　power　　　'a man' is powerful in the rice field

木 ＋ 木 → 林　　はやし　　[RIN]　　a wood
a grove

tree　　tree　　　two trees make 'a wood'

木 ＋ 木 ＋ 木 → 森　　もり　　[SHIN]　　a forest
a jungle

tree　　tree　　tree　　three trees make 'a forest'

門 ＋ 日 → 間　　あいだ　　[KAN]　　between

gate　　sun　　　the sun can be seen 'between' the doors

火 ＋ 田 → 畑　　はたけ　　　　a cultivated field

fire　　field　　　burn up the field and make 'a cultivated field'

山 ＋ 石 → 岩　　いわ　　[GAN]　　a rock

mountain　　stone　　　a big stone in the mountain is 'a rock'

☆ Most Kanji were transmitted from China, however, there are some Kanji that originated in Japan.　For example, 畑(はたけ), 働(はたら)く (to work), 峠(とうげ) (a mountain pass) are of Japanese origin.　Therefore, they do not have 'ON YOMI' (Chinese Reading).　Many Kanji used to express the names of fish and plant are of Japanese origin.

　　e.g. 鱈(たら)(a cod)

　　　　鰯(いわし)(a sardine)

ユニット 2 ——— 第五課のきほん漢字（Basic Kanji）

2－1．漢字のかきかた（Kanji Writings）

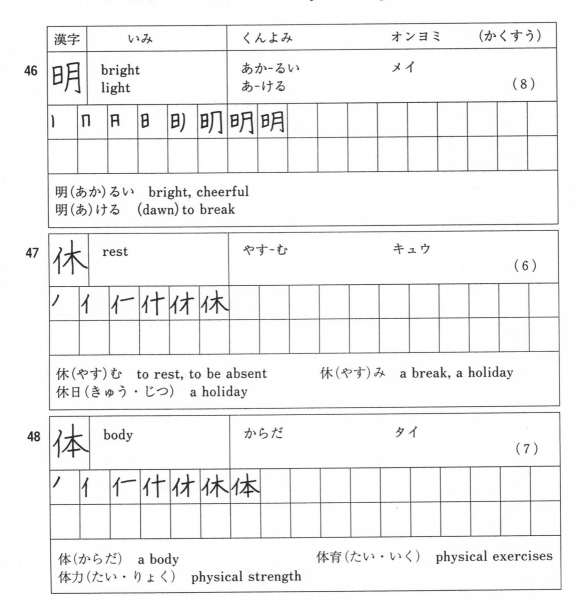

漢字	いみ	くんよみ	オンヨミ	（かくすう）

46 明　bright / light　　あか-るい　あ-ける　　メイ　（8）

ノ　冂　月　日　日)　明　明　明

明（あか）るい　bright, cheerful
明（あ）ける　（dawn) to break

47 休　rest　　やす-む　　キュウ　（6）

ノ　イ　イ-　什　伏　休

休（やす）む　to rest, to be absent　　休（やす）み　a break, a holiday
休日（きゅう・じつ）　a holiday

48 体　body　　からだ　　タイ　（7）

ノ　イ　イ-　什　伏　休　体

体（からだ）　a body　　体育（たい・いく）　physical exercises
体力（たい・りょく）　physical strength

漢字	いみ	くんよみ	オンヨミ	（かくすう）

49 好　love, like　favorite　　す‐きな　す‐く　　コウ　　（6）

く　女　女　女ﾞ　好　好

好（す）きな　favorite
好（す）かれる　to be loved

50 男　man　male　　おとこ　　ダン　ナン　　（7）

｜　口　冂　用　田　甼　男

男（おとこ）　a man　　　　男（おとこ）の子（こ）　a boy
男子学生（だん・し・がく・せい）　a boy student

51 林　wood　grove　　はやし　　リン　　（8）

一　十　才　木　杧　杧　杕　林

林（はやし）　a wood　　　　小林（こ・ばやし）　Japanese name
林業（りん・ぎょう）　forestry

52 森　forest　jungle　　もり　　シン　　（12）

一　十　才　木　朩　朩　杰　杰　森　森　森　森

森（もり）　a forest　　　　森田（もり・た）Japanese name
森林（しん・りん）　woods and forests

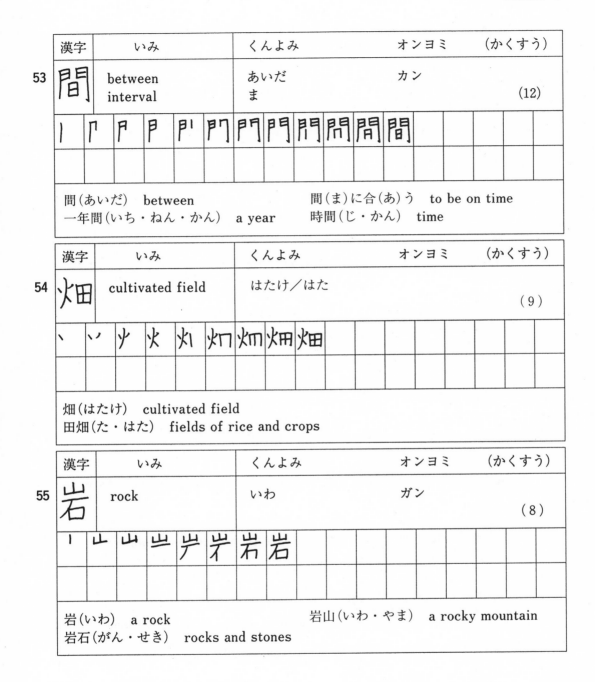

漢字	いみ	くんよみ	オンヨミ	（かくすう）

53 間　between / interval　あいだ / ま　カン　（12）

丨 冂 冂 冃 冎 門 門 門 門 問 問 間

間（あいだ）　between　　間（ま）に合（あ）う　to be on time
一年間（いち・ねん・かん）　a year　　時間（じ・かん）　time

漢字	いみ	くんよみ	オンヨミ	（かくすう）

54 畑　cultivated field　はたけ／はた　（9）

丶 丷 火 火 火 炉 炉 畑 畑

畑（はたけ）　cultivated field
田畑（た・はた）　fields of rice and crops

漢字	いみ	くんよみ	オンヨミ	（かくすう）

55 岩　rock　いわ　ガン　（8）

丨 屮 山 屵 屵 岩 岩 岩

岩（いわ）　a rock　　岩山（いわ・やま）　a rocky mountain
岩石（がん・せき）　rocks and stones

2－2. よみれんしゅう （Reading Exercises）

Ⅰ. Write the reading of the following Kanji in Hiragana.

1. 林　　2. 森　　3. 体　　4. 男　　5. 岩　　6. 畑　　7. 間

8. 明るい　　9. 好き　　10. 休みます　　11. 男女　　12. 時間

Ⅱ. Write the reading of the following Kanji in Hiragana.

1. 私は体育が好きです。　I like physical exercise.

2. 男子学生と女子学生　　male students and female students

3. 男の人と女の人　　　men and women

4. 森と森の間に川があります。　There is a river between the forests.

5. 明るい森の中で休みました。　We took a rest in a light forest.

6. あの小さい山まで一時間ぐらいかかります。

It takes about one hour to that small mountain.

7. 岩田さんは明るい人です。　Mr. Iwata is a cheerful man.

8. 山の上に畑があります。　There are cultivated fields on the top of the mountain.

2－3．かきれんしゅう（Writing Exercises）

Ⅰ．Fill in the blanks with an appropriate Kanji.

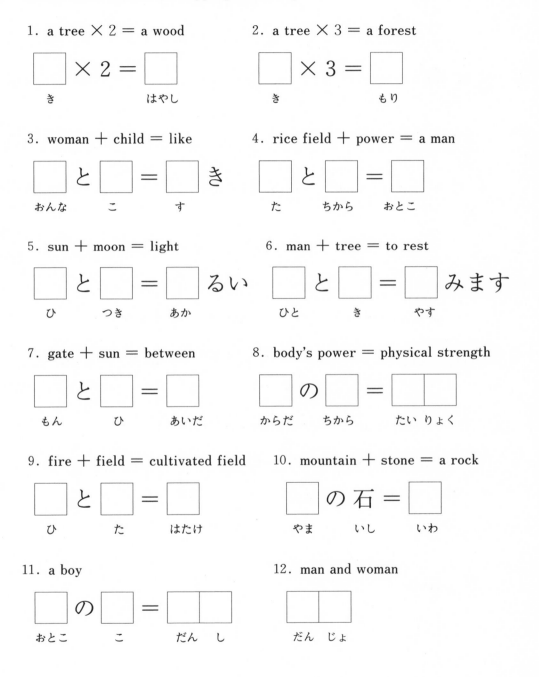

1. a tree × 2 ＝ a wood

☐ × 2 ＝ ☐
き　　　　はやし

2. a tree × 3 ＝ a forest

☐ × 3 ＝ ☐
き　　　　もり

3. woman ＋ child ＝ like

☐ と ☐ ＝ ☐ き
おんな　こ　　　す

4. rice field ＋ power ＝ a man

☐ と ☐ ＝ ☐
た　　ちから　おとこ

5. sun ＋ moon ＝ light

☐ と ☐ ＝ ☐ るい
ひ　　つき　　あか

6. man ＋ tree ＝ to rest

☐ と ☐ ＝ ☐ みます
ひと　　き　　やす

7. gate ＋ sun ＝ between

☐ と ☐ ＝ ☐
もん　ひ　　あいだ

8. body's power ＝ physical strength

☐ の ☐ ＝ ☐☐
からだ　ちから　たい りょく

9. fire ＋ field ＝ cultivated field

☐ と ☐ ＝ ☐
ひ　　た　　はたけ

10. mountain ＋ stone ＝ a rock

☐ の 石 ＝ ☐
やま　いし　　いわ

11. a boy

☐ の ☐ ＝ ☐☐
おとこ　こ　　だん し

12. man and woman

☐☐
だん じょ

Ⅱ. Fill in the blanks with an appropriate Kanji.

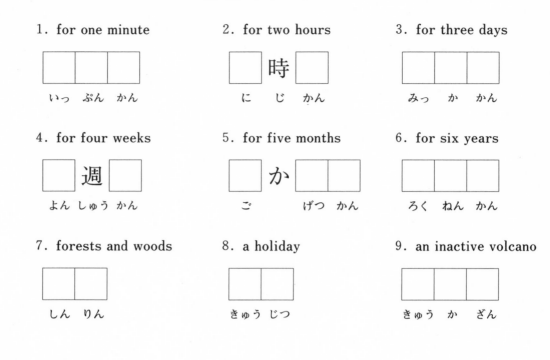

1. for one minute

□□□
いっ ぷん かん

2. for two hours

□ 時 □
に じ かん

3. for three days

□□□
みっ か かん

4. for four weeks

□ 週 □
よん しゅう かん

5. for five months

□ か □□
ご げつ かん

6. for six years

□□□
ろく ねん かん

7. forests and woods

□□
しん りん

8. a holiday

□□
きゅう じつ

9. an inactive volcano

□□□
きゅう か ざん

10. physical exercises

□ 育
たい いく

11. I like cheerful people

□ は □ るい □ が □ きです。
わたし　　あか　　　　ひと　　　す

12. Those men are Mr. Kobayashi and Mr. Iwata.

あ の □ の □ た ち は □□ さ ん と
　　　おとこ　　ひと　　　　　こば やし

□□ さ ん で す。
いわ た

||||||||||||||||||||||||||| **ふくしゅう** |||||||||||||||||||||||||||

Review L. 1−5

日	月	火	水	木	金	土	山	川	田
人	子	女	口	車	門	学	生	先	年
一	二	三	四	五	六	七	八	九	十
百	千	万	円	上	下	中	大	小	本
半	分	力	何	私					
林	森	明	休	体	好	男	間	畑	岩	55字

Ⅰ. Make 5 sentences by using the Kanji above.

Ⅱ. Fill in the blanks with an approriate Kanji.

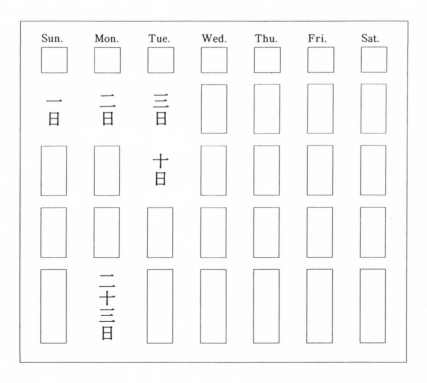

Ⅲ. Read the following story.

[プラニーさんのはなし]

　　私は日本大学の学生です。専門は体育です。十月九日にタイからきました。月曜日から金曜日まで日本語のクラスでべんきょうします。私は日本語が好きです。

　　先週の土曜日に私たちは田中先生と山へいきました。いろいろな学生がいっしょにいきました。男子学生と女子学生が三人ずつでした。私たちは岩田さんの車でいきました。岩田さんは日本人の男の人です。一時間ぐらいあるいて大きい森へいきました。そして、小さい川のちかくで休みました。その川の水はとてもきれいでした。

*専門（せんもん）specialty　　　　体育（たいいく）physical exercises
　曜日（ようび）day of the week　　～語（ご）～ a language
　～が好きです　I like ～　　　　　先週（せんしゅう）last week
　私たち　We　　　　　　　　　　　いろいろな　various
　～ずつ　～ for each　　　　　　　一時間（いちじかん）for one hour
　～のちかくで　　near ～

[しつもん]　1．プラニーさんは日本人ですか。

　　　　　　2．プラニーさんの大学はどこですか。

　　　　　　3．プラニーさんは何月何日に日本へきましたか。

　　　　　　4．プラニーさんは月曜日から金曜日まで何をしますか。

　　　　　　5．プラニーさんたちはいつ山へいきましたか。

　　　　　　6．ぜんぶで（all together）何人いきましたか。

　　　　　　7．プラニーさんたちは川のちかくで何をしましたか。

第6課

だいろっか

ユニット 1 ———— 漢字のはなし（Lectures on Kanji）

えからできた 漢字 −3−（Kanji made from pictures −3−）

Look at the following picture.　Each drawing indicates a certain meaning.

Guess the meaning of the Kanji characters below.

1. 石　2. 竹　3. 米　4. 糸　5. 貝　6. 手　7. 足

8. 雨　9. 耳　10. 目

Lesson 6

These Kanji characters were made from very primitive pictures as follows. Usually each Kanji has at least two ways of being read; the so-called 'KUN YOMI' (Japanese reading) and 'ON YOMI' (Chinese reading).

Picture	→			Kanji	'KUN'	'ON'	Meaning
				目	め	[MOKU]	eye
				耳	みみ	[JI]	ear
				手	て	[SHU]	hand
				足	あし	[SOKU]	leg
				雨	あめ	[U]	rain
				竹	たけ	[CHIKU]	bamboo
				米	こめ	[MAI] [BEI]	rice America
				貝	かい	([BAI])	shellfish
				石	いし	[SEKI]	stone
				糸	いと	[SHI]	thread

ユニット 2 ――――第六課のきほん漢字（Basic Kanji）

2－1．漢字のかきかた（Kanji Writings）

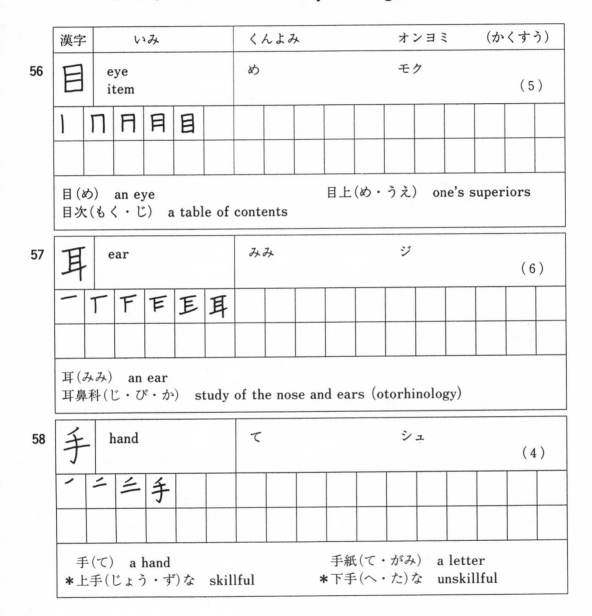

漢字	いみ	くんよみ	オンヨミ	（かくすう）
56 目	eye item	め	モク	（5）

１　冂　冃　目　目

目（め）　an eye　　　　　　　　　目上（め・うえ）　one's superiors
目次（もく・じ）　a table of contents

57 耳	ear	みみ	ジ	（6）

一　丁　下　F　耳　耳

耳（みみ）　an ear
耳鼻科（じ・び・か）　study of the nose and ears（otorhinology）

58 手	hand	て	シュ	（4）

ノ　二　三　手

手（て）　a hand　　　　　　　　　手紙（て・がみ）　a letter
＊上手（じょう・ず）な　skillful　　＊下手（へ・た）な　unskillful

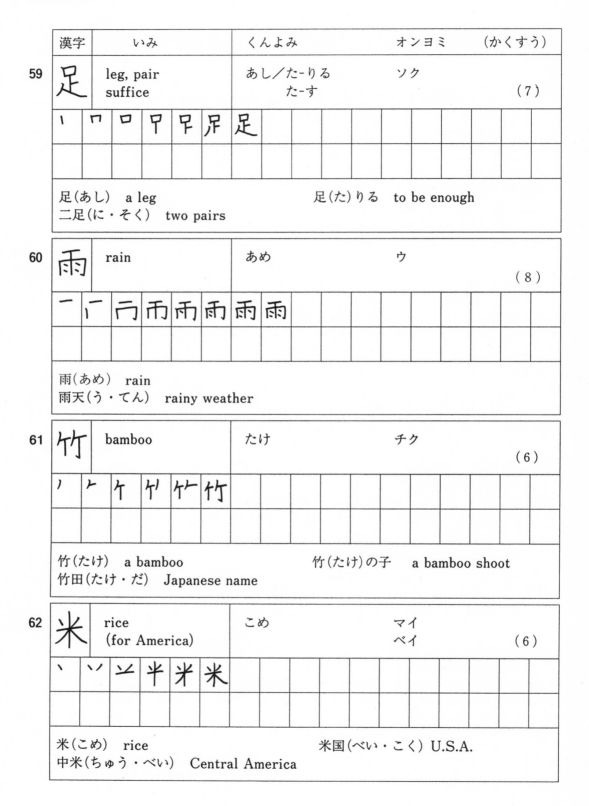

	漢字	いみ	くんよみ	オンヨミ	（かくすう）

59 足　leg, pair suffice

あし／た-りる　た-す　　ソク　　（7）

丶 ロ ロ 早 早 足 足

足（あし）　a leg　　　　　足（た）りる　to be enough
二足（に・そく）　two pairs

60 雨　rain

あめ　　ウ　　（8）

一 厂 冂 币 雨 雨 雨 雨

雨（あめ）　rain
雨天（う・てん）　rainy weather

61 竹　bamboo

たけ　　チク　　（6）

丿 ⺮ 仁 ⺮ ⺮ 竹

竹（たけ）　a bamboo　　　　竹（たけ）の子　a bamboo shoot
竹田（たけ・だ）　Japanese name

62 米　rice (for America)

こめ　　マイ　　ベイ　　（6）

丶 丷 ⺊ 半 米 米

米（こめ）　rice　　　　米国（べい・こく）　U.S.A.
中米（ちゅう・べい）　Central America

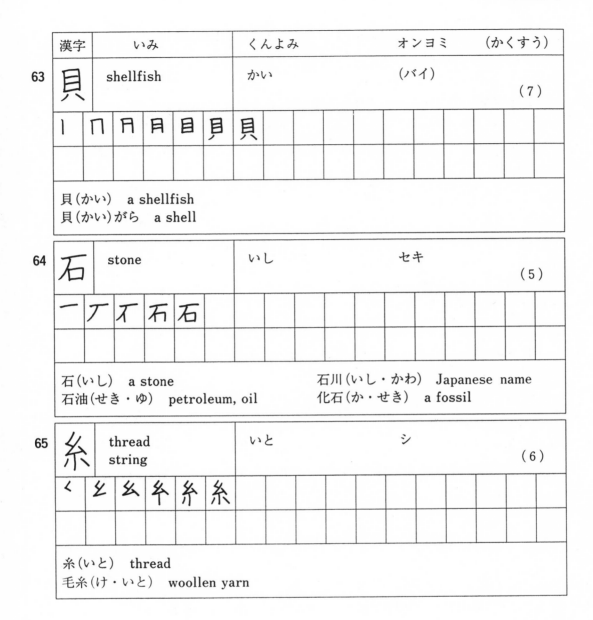

漢字	いみ	くんよみ	オンヨミ	（かくすう）

63 貝　shellfish　かい　（バイ）　（7）

｜ 𠆢 月 月 目 貝 貝

貝（かい）　a shellfish
貝（かい）がら　a shell

64 石　stone　いし　セキ　（5）

一 ア イ 石 石

石（いし）　a stone　　　　　石川（いし・かわ）　Japanese name
石油（せき・ゆ）　petroleum, oil　　化石（か・せき）　a fossil

65 糸　thread string　いと　シ　（6）

く 乞 幺 糸 糸 糸

糸（いと）　thread
毛糸（け・いと）　woollen yarn

2-2. よみれんしゅう （Reading Exercises）

Ⅰ. Write the reading of the following Kanji in Hiragana.

　　1. 雨　　2. 石　　3. 目　　4. 足　　5. 糸　　6. 耳　　7. 手

　　8. 竹　　9. 貝　　10. 米

11. 人は目でみます。 そして、 耳でききます。

12. 日本人は米をたべます。

Ⅱ. Write the reading of the following Kanji in Hiragana.

　　1. 私はきのう切手をかいました。

　　2. コスタリカは中米にあります。　　Costa Rica is in Central America.

　　3. 日本はアラブから石油をかいます。　　Japan buys oil from Arabia.

　　4. 雨の日はへやで手紙をかきます。　　I write letters in my room on rainy
　　　　days.

　　5. 私はまだ日本語があまり上手ではありません。　　I am not so good at
　　　　Japanese yet.

　　6. くつを1足とくつ下を4足かいました。　　I bought a pair of shoes
　　　　and 4 pairs of socks.

2−3. かきれんしゅう（Writing Exercises）

Ⅰ. Fill in the blanks with an appropriate Kanji.

1. hands and legs

⬚⬚
　て　あし

2. a rainy day

⬚ の ⬚
　あめ　　ひ

3. a shell

⬚ がら
　かい

4. rice

⬚
こめ

5. one's superiors and one's inferiors

⬚⬚ の ⬚ と ⬚⬚ の ⬚
　め　うえ　　ひと　　め　した　　ひと

6. a bamboo shoot

⬚ の ⬚
　たけ　　こ

7. Mr. Ishikawa

⬚⬚ さん
　いし　かわ

8. Miss Itoyama

⬚⬚ さん
　いと　やま

Lesson 6

Ⅱ. Fill in the blanks with an appropriate Kanji.

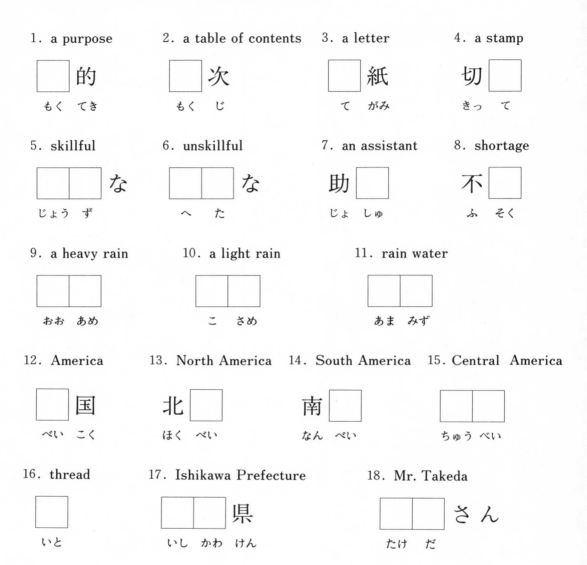

1. a purpose

☐ 的
もく　てき

2. a table of contents

☐ 次
もく　じ

3. a letter

☐ 紙
て　がみ

4. a stamp

切 ☐
きっ　て

5. skillful

☐☐ な
じょう　ず

6. unskillful

☐☐ な
へ　た

7. an assistant

助 ☐
じょ　しゅ

8. shortage

不 ☐
ふ　そく

9. a heavy rain

☐☐
おお　あめ

10. a light rain

☐☐
こ　さめ

11. rain water

☐☐
あま　みず

12. America

☐ 国
べい　こく

13. North America

北 ☐
ほく　べい

14. South America

南 ☐
なん　べい

15. Central America

☐☐
ちゅう　べい

16. thread

☐
いと

17. Ishikawa Prefecture

☐☐ 県
いし　かわ　けん

18. Mr. Takeda

☐☐ さん
たけ　だ

┃▨▨▨▨▨┃ しっていますか ┃▨▨▨┃ できますか ┃▨▨▨┃

(Do you know these words?　Can you use them?)

＜人名の漢字 (Kanji used in Japanese family names)＞

The following Kanji are commonly used in Japanese family names.

田　山　川　木　本　中　上　下
大　小　金　石　竹　林　森
村 (むら a village)　　野 (の a field)

See the following Japanese family names.

1. 田中	（たなか）	16. 林	（はやし）
2. 山田	（やまだ）	17. 小林	（こばやし）
3. 山本	（やまもと）	18. 小山	（こやま）
4. 山下	（やました）	19. 小川	（おがわ）
5. 木下	（きのした）	20. 小野	（おの）
6. 木村	（きむら）	21. 森	（もり）
7. 村田	（むらた）	22. 森本	（もりもと）
8. 村上	（むらかみ）	23. 金田	（かねだ）
9. 中村	（なかむら）	24. 金子	（かねこ）
10. 中山	（なかやま）	25. 石川	（いしかわ）
11. 中川	（なかがわ）	26. 大石	（おおいし）
12. 中野	（なかの）	27. 大竹	（おおたけ）
13. 川上	（かわかみ）	28. 竹田	（たけだ）
14. 上野	（うえの）	29. 竹中	（たけなか）
15. 上田	（うえだ）	30. 竹下	（たけした）

Notice the phonetic changes as in the following.

川（かわ）＋田（<u>た</u>）　→川田（かわ<u>だ</u>）

中（なか）＋川（<u>かわ</u>）→中川（なか<u>がわ</u>）

◇ Other common family names:

Ex. 鈴木　（すずき）　　　井上　　（いのうえ）

　　佐藤　（さとう）　　　佐々木　（ささき）

　　渡辺　（わたなべ）　　加藤　　（かとう）

　　高橋　（たかはし）　　伊藤　　（いとう）

☆名刺（めいし　a name card used for business）

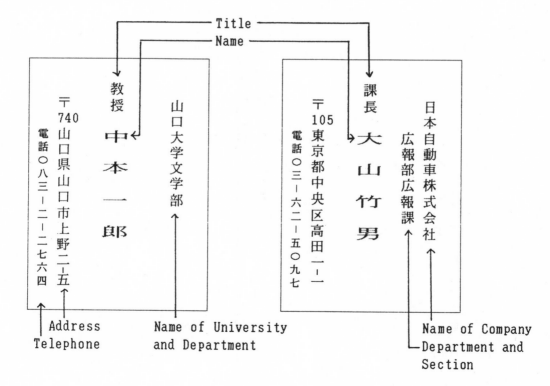

— 58 —

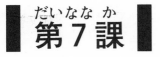 第7課

ユニット 1 ——— 漢字のはなし（ Lectures on Kanji ）

えからできた漢字 - 4 - （ Kanji made from pictures - 4 - ）

Look at the following picture and guess what it means.

Guess the meaning of the Kanji characters below.

1. 魚　2. 鳥　3. 馬　4. 牛　5. 物　6. 肉　7. 花

8. 茶　9. 字　10. 文

ユニット 2 ──── 第七課のきほん漢字（Basic Kanji）

2－1．漢字のかきかた（Kanji Writings）

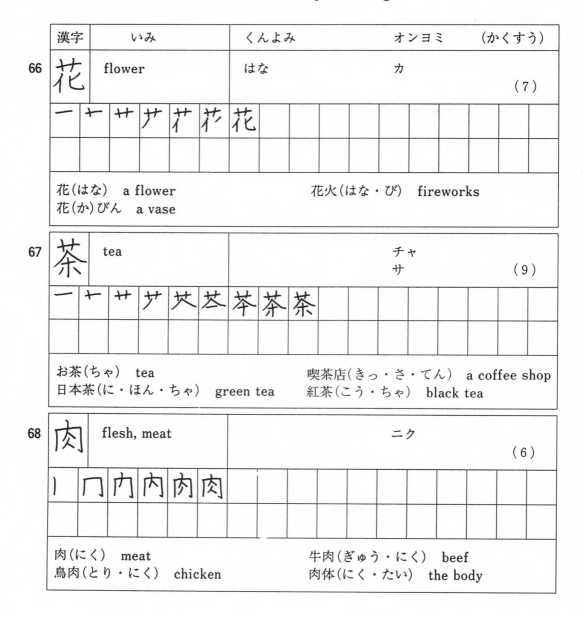

漢字	いみ	くんよみ	オンヨミ	（かくすう）

66 花 　flower 　　はな 　　カ 　（7）

一 ヤ サ サ ザ 花 花

花（はな）　a flower 　　　花火（はな・び）　fireworks
花（か）びん　a vase

67 茶 　tea 　　　チャ／サ 　（9）

一 ヤ サ サ 茶 茶 茶 茶 茶

お茶（ちゃ）　tea 　　　喫茶店（きっ・さ・てん）　a coffee shop
日本茶（に・ほん・ちゃ）　green tea 　　紅茶（こう・ちゃ）　black tea

68 肉 　flesh, meat 　　ニク 　（6）

丨 冂 内 内 肉 肉

肉（にく）　meat 　　　牛肉（ぎゅう・にく）　beef
鳥肉（とり・にく）　chicken 　　肉体（にく・たい）　the body

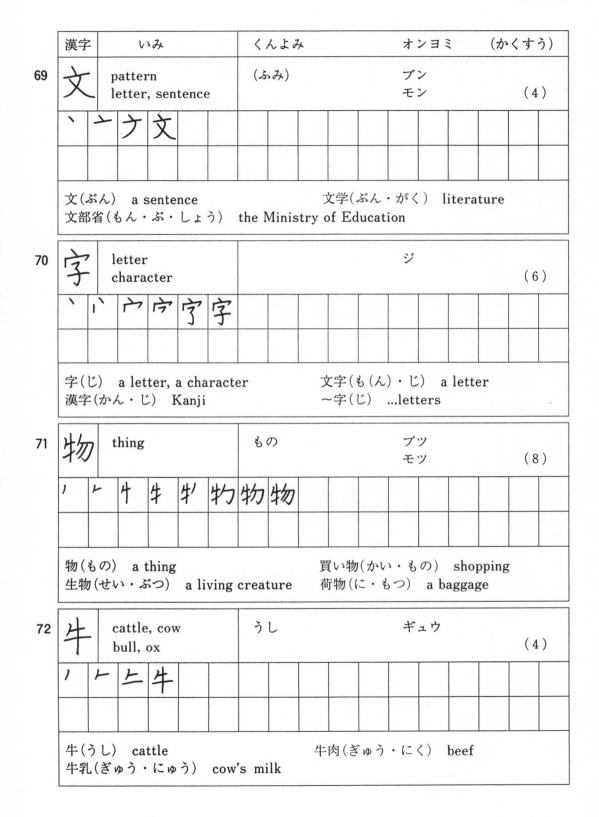

漢字		いみ		くんよみ		オンヨミ	（かくすう）

69 文 pattern / letter, sentence
（ふみ）　ブン　モン　（4）

丶　一　ナ　文

文（ぶん）　a sentence　　　文学（ぶん・がく）　literature
文部省（もん・ぶ・しょう）　the Ministry of Education

70 字 letter / character
ジ　（6）

丶　宀　宀　字　字　字

字（じ）　a letter, a character　　　文字（も（ん）・じ）　a letter
漢字（かん・じ）　Kanji　　　～字（じ）　...letters

71 物 thing
もの　ブツ　モツ　（8）

丿　ヒ　牛　牛　牛　牧　物　物

物（もの）　a thing　　　買い物（かい・もの）　shopping
生物（せい・ぶつ）　a living creature　　　荷物（に・もつ）　a baggage

72 牛 cattle, cow / bull, ox
うし　ギュウ　（4）

丿　ヒ　仁　牛

牛（うし）　cattle　　　牛肉（ぎゅう・にく）　beef
牛乳（ぎゅう・にゅう）　cow's milk

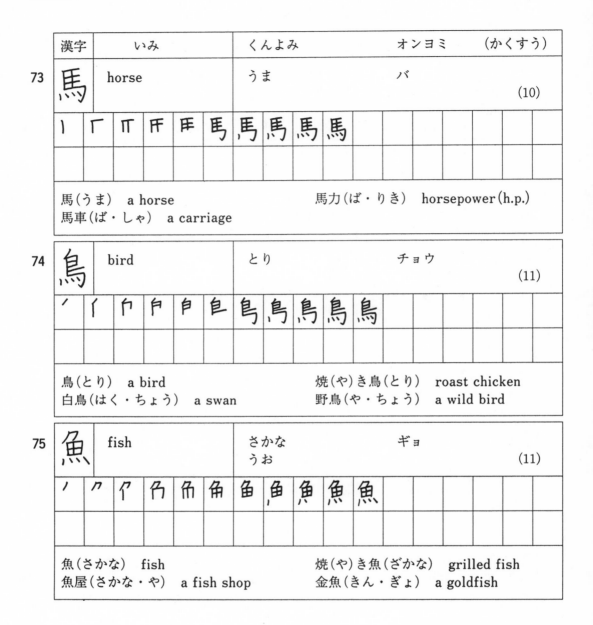

漢字	いみ	くんよみ	オンヨミ	（かくすう）

73　馬　horse　　うま　　バ　　(10)

一　厂　厂　厈　厈　馬　馬　馬　馬　馬

馬（うま）　a horse　　　　　　馬力（ば・りき）　horsepower (h.p.)
馬車（ば・しゃ）　a carriage

74　鳥　bird　　とり　　チョウ　　(11)

ノ　ノ　ア　ア　ア　白　鳥　鳥　鳥　鳥　鳥

鳥（とり）　a bird　　　　　　焼（や）き鳥（とり）　roast chicken
白鳥（はく・ちょう）　a swan　　野鳥（や・ちょう）　a wild bird

75　魚　fish　　さかな　　ギョ
　　　　　うお　　(11)

ノ　ケ　ケ　ケ　由　角　由　鱼　魚　魚　魚

魚（さかな）　fish　　　　　　焼（や）き魚（ざかな）　grilled fish
魚屋（さかな・や）　a fish shop　　金魚（きん・ぎょ）　a goldfish

2－2. よみれんしゅう （Reading Exercises）

Ⅰ. Write the reading of the following Kanji in Hiragana.

1. 肉　　2. 魚　　3. 花　　4. 茶　　5. 馬　　6. 牛　　7. 鳥

8. 文字　　9. 生物　　10. 牛肉　　11. 日本茶　　12. 文

Ⅱ. Write the reading of the following Kanji in Hiragana.

1. 馬車　　2. 焼き魚　　3. 読み物　　4. 買物
　　　　　　　　や　　　　　　よ　　　　　　かい

5. 花びんに花をいれます。　I put some flowers in a vase.

6. 肉屋で鳥肉をかいました。　I bought some chicken at the butcher's.
　　や

7. 大学でこの漢字をならいます。　I learn these Kanji at the university.
　　　　　　かん

8. 私は日本茶が好きです。　　I like Japanese tea.

9. 森の中に小鳥がいます。　　There are small birds in the forest.

10. 日本人は魚や米が好きです。　Japanese people like fish and rice and
　　　　　　　　　　　　　　　　so on.

2－3．かきれんしゅう（Writing Exercises）

Ⅰ．Fill in the blanks with an appropriate Kanji.

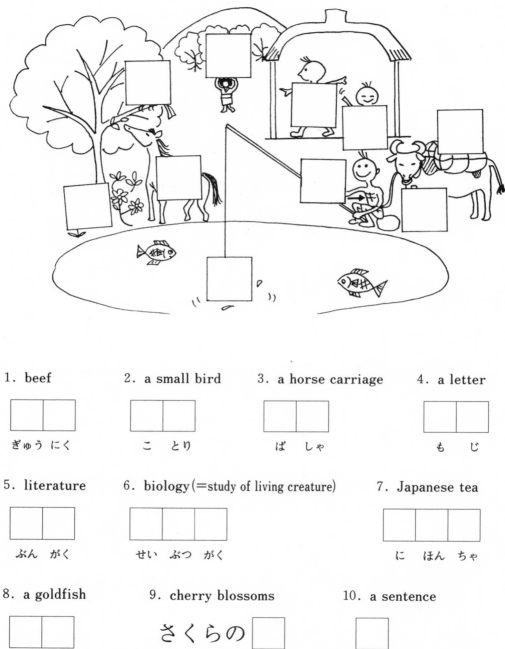

1. beef

ぎゅう にく

2. a small bird

こ　とり

3. a horse carriage

ば　しゃ

4. a letter

も　じ

5. literature

ぶん　がく

6. biology（＝study of living creature）

せい　ぶつ　がく

7. Japanese tea

に　ほん　ちゃ

8. a goldfish

きん　ぎょ

9. cherry blossoms

さくらの

はな

10. a sentence

ぶん

Ⅱ. Fill in the blanks with an appropriate Kanji.

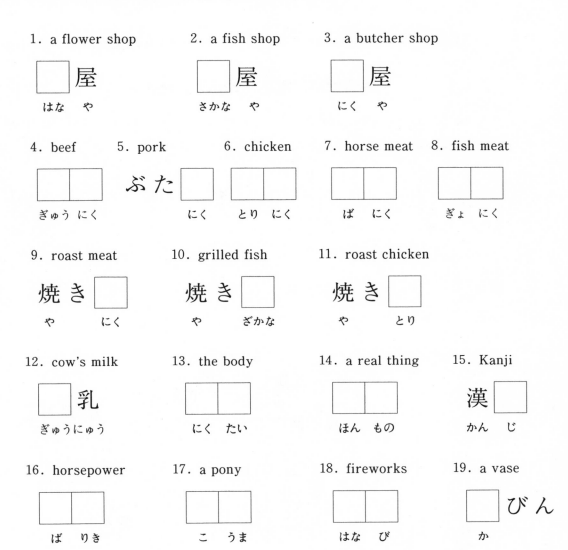

1. a flower shop

□屋
はな　や

2. a fish shop

□屋
さかな　や

3. a butcher shop

□屋
にく　や

4. beef

□□
ぎゅう にく

5. pork

ぶた□
にく

6. chicken

□□
とり にく

7. horse meat

□□
ば　にく

8. fish meat

□□
ぎょ にく

9. roast meat

焼き□
や　　にく

10. grilled fish

焼き□
や　　ざかな

11. roast chicken

焼き□
や　　とり

12. cow's milk

□乳
ぎゅうにゅう

13. the body

□□
にく たい

14. a real thing

□□
ほん もの

15. Kanji

漢□
かん じ

16. horsepower

□□
ば　りき

17. a pony

□□
こ　うま

18. fireworks

□□
はな　び

19. a vase

□びん
か

しっていますか できますか

(Do you know these words?   Can you use them?)

＜漢字の動物園<ruby>どうぶつえん</ruby>（ Kanji Zoo ）＞

The following Kanji are the name of the animals below. Match the Kanji with the pictures.

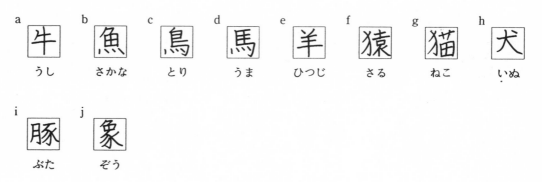

a 牛 うし   b 魚 さかな   c 鳥 とり   d 馬 うま   e 羊 ひつじ   f 猿 さる   g 猫 ねこ   h 犬 いぬ

i 豚 ぶた   j 象 ぞう

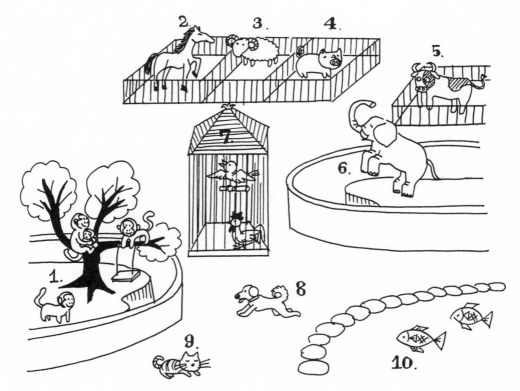

第8課
<ruby>第<rt>だいはっか</rt></ruby>

（だいはっか）

| ユニット 1 |————漢字のはなし（ Lectures on Kanji ）

形容詞の漢字 –1–（ Kanji for Adjectives –1– ）
（けいようし）

Look at the following adjectives.　Japanese '-i' ending adjectives can be divided into three groups according to the types of the Hiragana endings.

1. Kanji ＋ い　：　古 い　　長 い　　短 い　　高 い　　安 い
　　　　　　　　　　ふる　　　なが　　みじか　　たか　　やす

　　　　　　　　：　低 い　　暗 い　　多 い　　重 い　　軽 い
　　　　　　　　　　ひく　　　くら　　おお　　おも　　かる

　　　　　　　　：　近 い　　遠 い　　悪 い　　早 い　　etc.
　　　　　　　　　　ちか　　　とお　　わる　　はや

2. Kanji ＋ しい　：　新 しい　　楽 しい　　正 しい　　美 しい
　　　　　　　　　　　あたら　　たの　　ただ　　うつく

　　　　　　　　　：　忙 しい　　etc.
　　　　　　　　　　　いそが

3. Kanji ＋ others　：　大 きい　　小 さい　　明 るい　　少 ない　　etc.
　　　　　　　　　　　　おお　　　ちい　　あか　　すく

The Hiragana endings change as follows.

Present Affirmative	：古い (old)	新しい (new)	大きい (big)
Present Negative	：古くない	新しくない	大きくない
Past Affirmative	：古かった	新しかった	大きかった
Past Negative	：古くなかった	新しくなかった	大きくなかった

Remember when the following Hiragana endings are used with nouns, verbs or the other adjectives.

Adjective ＋ Noun :　　　古い本　　　　　新しい車　　　　大きい字
　　　　　　　　　　　　an old book　　a new car　　　a big letter

　　　　　　　　　　　　古くない本　　　新しくない車　　大きくない字

　　　　　　　　　　　　古かった本　　　新しかった車　　大きかった字

　　　　　　　　　　　　古くなかった本　新しくなかった車　大きくなかった字

Adjective ＋ Verb:　　　古くなります　　新しくかいます　大きくかきます
　　　　　　　　　　　　become old　　　newly buy　　　write in a big
　　　　　　　　　　　　　　　　　　　　　　　　　　　　character

Adjective ＋ Adj. :　　　古くて安い　　　新しくてきれいな　大きくて明るい
　　　　　　　　　　　　old and cheap　　new and pretty　big and bright

[れんしゅう]　Put the proper Hiragana endings to the following Kanji.

高　　安　　長　　短　　新

古　　明　　暗　　多　　少

低　　大　　小

ユニット 2 ── 第八課のきほん漢字（Basic Kanji）

2－1. 漢字のかきかた（Kanji Writings）

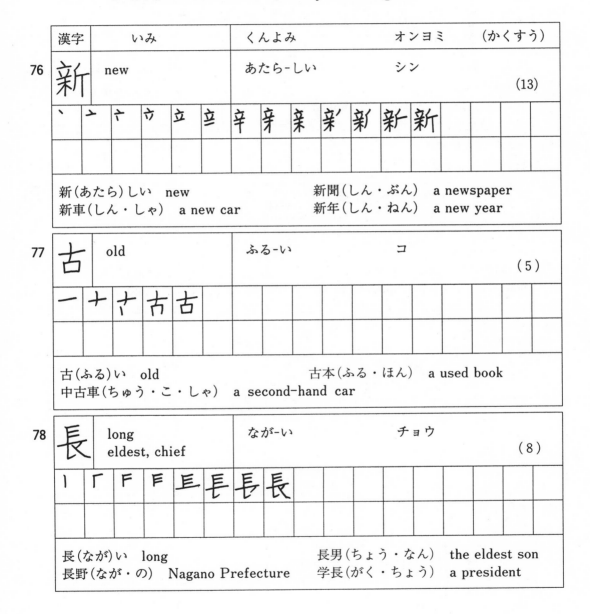

	漢字	いみ	くんよみ	オンヨミ	（かくすう）
76	新	new	あたら-しい	シン	(13)

、 一 ﾗ 立 立 立 辛 辛 亲 新 新 新 新

新（あたら）しい　new　　　　　新聞（しん・ぶん）　a newspaper
新車（しん・しゃ）　a new car　　新年（しん・ねん）　a new year

77	古	old	ふる-い	コ	(5)

一 十 十 古 古

古（ふる）い　old　　　　　　　古本（ふる・ほん）　a used book
中古車（ちゅう・こ・しゃ）　a second-hand car

78	長	long eldest, chief	なが-い	チョウ	(8)

1 厂 F F 毛 長 長 長

長（なが）い　long　　　　　　　長男（ちょう・なん）　the eldest son
長野（なが・の）　Nagano Prefecture　学長（がく・ちょう）　a president

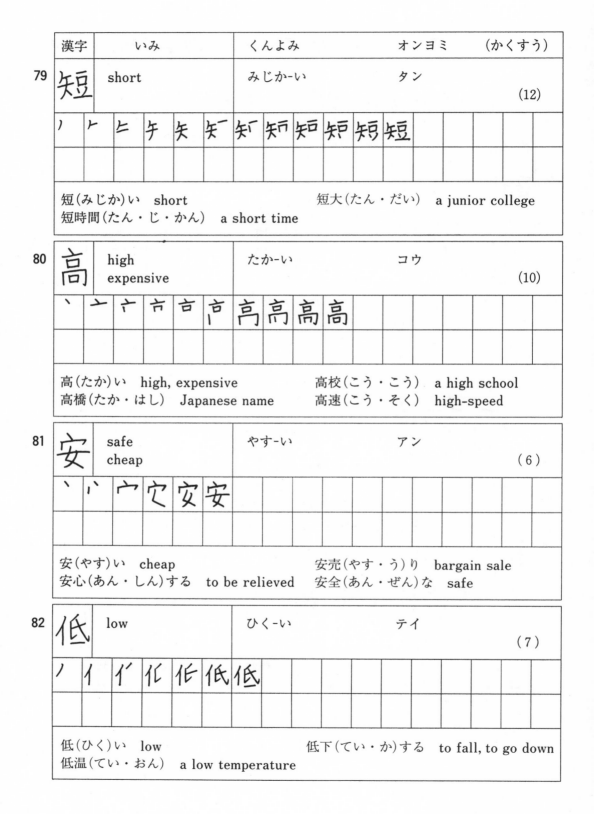

漢字	いみ	くんよみ	オンヨミ　　（かくすう）
79　短	short	みじか-い	タン　　（12）

ノ　ト　ヒ　午　矢　矢　矢　知　知　矩　短　短

短(みじか)い　short　　　　　　短大(たん・だい)　a junior college
短時間(たん・じ・かん)　a short time

80　高	high expensive	たか-い	コウ　　（10）

丶　亠　宀　市　古　声　高　高　高　高

高(たか)い　high, expensive　　　　高校(こう・こう)　a high school
高橋(たか・はし)　Japanese name　　高速(こう・そく)　high-speed

81　安	safe cheap	やす-い	アン　　（6）

丶　丷　宀　安　安　安

安(やす)い　cheap　　　　　　　安売(やす・う)り　bargain sale
安心(あん・しん)する　to be relieved　安全(あん・ぜん)な　safe

82　低	low	ひく-い	テイ　　（7）

ノ　亻　亻　化　任　低　低

低(ひく)い　low　　　　　　　　低下(てい・か)する　to fall, to go down
低温(てい・おん)　a low temperature

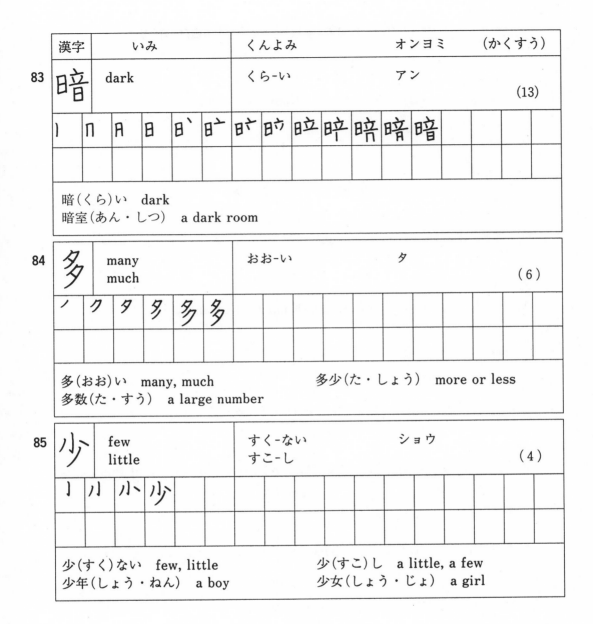

漢字	いみ	くんよみ	オンヨミ	（かくすう）

83 暗　dark　　くら-い　　アン　　（13）

⎦	冂	冃	日	日ˋ	日�	日ᵗ	日ᵗ	日立	晬	暗	暗	暗			

暗（くら）い　dark
暗室（あん・しつ）　a dark room

84 多　many　much　　おお-い　　タ　　（6）

ノ	ク	タ	夕	多	多										

多（おお）い　many, much　　　多少（た・しょう）　more or less
多数（た・すう）　a large number

85 少　few　little　　すく-ない　　ショウ
　　　　　　　　　　　すこ-し　　　　（4）

丿	刂	小	少												

少（すく）ない　few, little　　　少（すこ）し　a little, a few
少年（しょう・ねん）　a boy　　　少女（しょう・じょ）　a girl

2－2．よみれんしゅう（Reading Exercises）

Ⅰ．Write the reading of the following Kanji in Hiragana.

1. 高い　　2. 古い　　3. 安い　　4. 長い　　5. 多い　　6. 暗い

7. 低い　　8. 短い　　9. 新しい　　10. 少ない　　11. 明るい

12. 新車と中古車　　　13. 学長

Ⅱ．Write the reading of the following Kanji in Hiragana.

1. 休みの日が少ない。

2. 森の中は暗いです。　It is dark in the forest.

3. あの人はこの短大の学長です。　That man is the president of this junior
college.

4. その少年は手と足が長い。　That boy has long arms and legs.

5. 水は高いところから低いところへながれる。
Water flows from the higher place to
the lower place.

6. 小学校と中学校と高校と大学　a primary school, a junior high school,
a senior high school and a university

2－3. かきれんしゅう （Writing Exercises）

Ⅰ. Fill in the blanks with an appropriate Kanji.

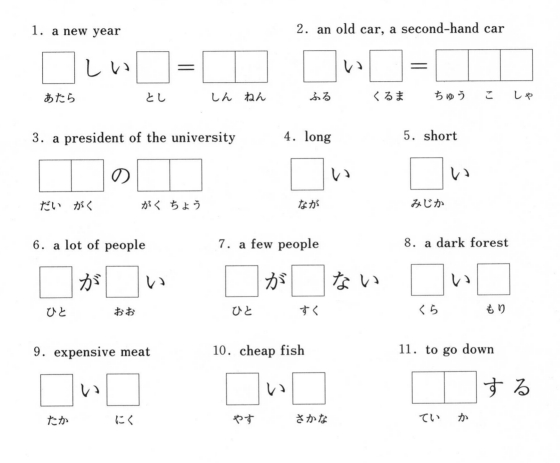

1. a new year

□ しい □ ＝ □□
あたら　　　とし　　しん ねん

2. an old car, a second-hand car

□ い □ ＝ □□□
ふる　　くるま　　ちゅう こ しゃ

3. a president of the university

□□ の □□
だい がく　　がく ちょう

4. long

□ い
なが

5. short

□ い
みじか

6. a lot of people

□ が □ い
ひと　　おお

7. a few people

□ が □ ない
ひと　　すく

8. a dark forest

□ い □
くら　　もり

9. expensive meat

□ い □
たか　　にく

10. cheap fish

□ い □
やす　　さかな

11. to go down

□□ する
てい　か

Ⅱ. Fill in the blanks with an appropriate Kanji.

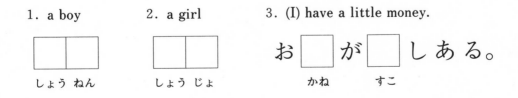

1. a boy

□□
しょう ねん

2. a girl

□□
しょう じょ

3. (I) have a little money.

お □ が □ しある。
かね　　すこ

4. a high mountain

□□
こう ざん

5. a cheap thing

□□
やす もの

6. a used book

□□
ふる ほん

7. a short string

□ い □
みじか　　いと

8. for a long time

□ い □
なが　　あいだ

9. new tea

□□
しん ちゃ

10. ancient writing

□□
こ　ぶん

11. a long sentence

□□
ちょう ぶん

12. a short sentence

□□
たん ぶん

13. the eldest son

□□
ちょう なん

14. the eldest daughter

□□
ちょう じょ

15. safe

□全な
あん ぜん

16. a junior college

□□
たん だい

17. a high school

□校
こう こう

しっていますか できますか

(Do you know these words?   Can you use them?)

漢字ゲーム（1）　＜形容詞＞
けいようし

How to play (A)："かるた"

> One person reads the letter cards. The others look for the matching picture cards scattered on the table. When a player finds the appropriate card, he gets to keep it. The one who collects the most cards is the winner.

How to play (B)："しんけいすいじゃく"（Concentration）

> Put all the cards face down up on the table. Each person turns over two cards at a time in turn. If those cards match, he can keep the pair. The one who collects the most cards is the winner.

第9課
<small>だいきゅうか</small>

──────漢字のはなし（Lectures on Kanji）

動詞の漢字 –1–（ Kanji for Verbs –1– ）
<small>どうし</small>

Each Kanji has its own meaning. It can function as a noun, adjective, verb etc. in sentences.　What do you think is the function of the following kanji ?

私　新　本　買

「私」 and 「本」 are nouns. 「新」 functions as an adjective and 「買」 (to buy) as a verb.　However, Kanji can not be used alone as an adjective or a verb.　Some Hiragana endings always follow and they are called 'OKURIGANA (inflectional endings)'.

新 → 新しい　　　　　　new

買 → 買う ／ 買います　to buy

Using the above four Kanji, let's make some sentences.

私は新しい本を買いました。　I bought a new book.

私の本は新しくないです。　My book is not new.

私に本を買ってください。　Please buy me a book.

Japanese verbs can be divided into 3 groups according to their way of conjugation.

1st Group: a verb stem ends with a consonant

行く	[ik-u]	行きます	[ik-imasu]	to go
聞く	[kik-u]	聞きます	[kik-imasu]	to hear
書く	[kak-u]	書きます	[kak-imasu]	to write
話す	[hanas-u]	話します	[hanas-imasu]	to speak
読む	[yom-u]	読みます	[yom-imasu]	to read
休む	[yasum-u]	休みます	[yasum-imasu]	to rest
帰る	[kaer-u]	帰ります	[kaer-imasu]	to go back
買う	[ka (w)-u]	買います	[ka (w)-imasu]	to buy

2nd Group: a verb stem ends with a vowel

食べる	[tabe-ru]	食べます	[tabe-masu]	to eat
教える	[oshie-ru]	教えます	[oshie-masu]	to teach
見る	[mi-ru]	見ます	[mi-masu]	to see

3rd Group: an irregular verb

来る	[ku-ru]	来ます	[ki-masu]	to come
する	[su-ru]	します	[shi-masu]	to do

クイズ Classify the following Kanji into nouns, adjectives and verbs.

花　長　買　大　茶　古　明　読
私　休　雨　書　行　高　日　魚
安　山　来　飲　本　字　車　聞

名詞 (めいし, Noun) :

形容詞 (けいようし, Adjective) :

動詞 (どうし, Verb) :

ユニット 2 ——————第九課のきほん漢字 （Basic Kanji）

2－1. 漢字のかきかた （ Kanji Writings ）

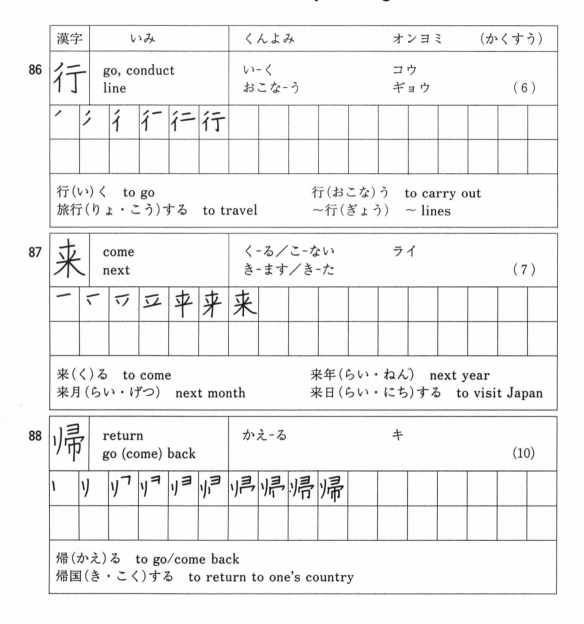

漢字	いみ	くんよみ	オンヨミ	（かくすう）

86 行 — go, conduct / line — い-く / おこな-う — コウ / ギョウ （6）

ノ ゝ 彳 彳 行 行

行(い)く　to go
旅行(りょ・こう)する　to travel
行(おこな)う　to carry out
〜行(ぎょう)　〜 lines

87 来 — come / next — く-る／こ-ない / き-ます／き-た — ライ （7）

一 𠃍 𠃌 立 平 来 来

来(く)る　to come
来月(らい・げつ)　next month
来年(らい・ねん)　next year
来日(らい・にち)する　to visit Japan

88 帰 — return / go (come) back — かえ-る — キ （10）

丶 刂 刂 刁 刁 刋 刂彐 帰 帰 帰

帰(かえ)る　to go/come back
帰国(き・こく)する　to return to one's country

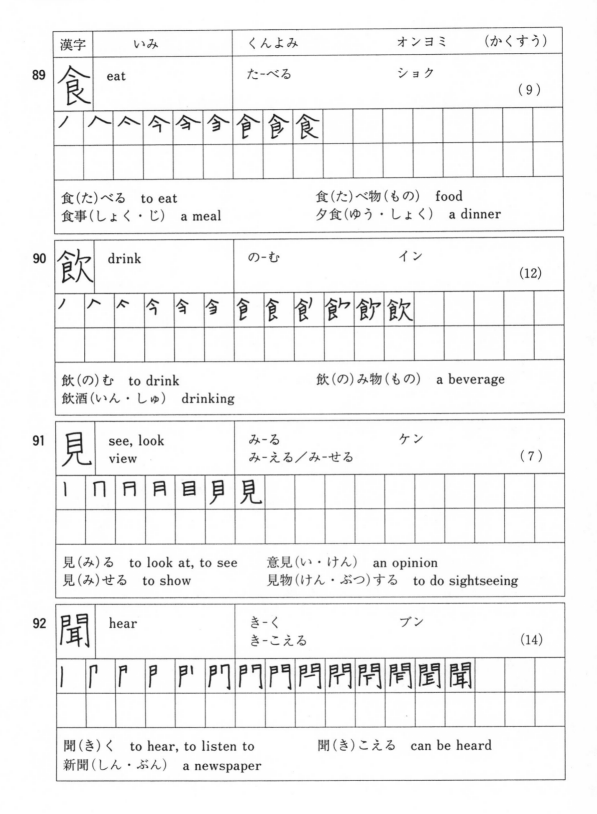

漢字	いみ	くんよみ	オンヨミ　（かくすう）
89 食	eat	た-べる	ショク　（9）

ノ　ヘ　へ　今　今　今　食　食　食

食(た)べる　to eat　　　　　　食(た)べ物(もの)　food
食事(しょく・じ)　a meal　　　夕食(ゆう・しょく)　a dinner

| **90** 飲 | drink | の-む | イン　（12） |

ノ　ヘ　へ　今　今　今　食　食　食ノ　飲ノ　飲ノ　飲

飲(の)む　to drink　　　　　飲(の)み物(もの)　a beverage
飲酒(いん・しゅ)　drinking

| **91** 見 | see, look view | み-る　み-える／み-せる | ケン　（7） |

｜　冂　冂　月　目　貝　見

見(み)る　to look at, to see　　意見(い・けん)　an opinion
見(み)せる　to show　　　　　見物(けん・ぶつ)する　to do sightseeing

| **92** 聞 | hear | き-く　き-こえる | ブン　（14） |

｜　冂　冖　尸　尸　門　門　門　門　門　閂　間　間　聞

聞(き)く　to hear, to listen to　　　聞(き)こえる　can be heard
新聞(しん・ぶん)　a newspaper

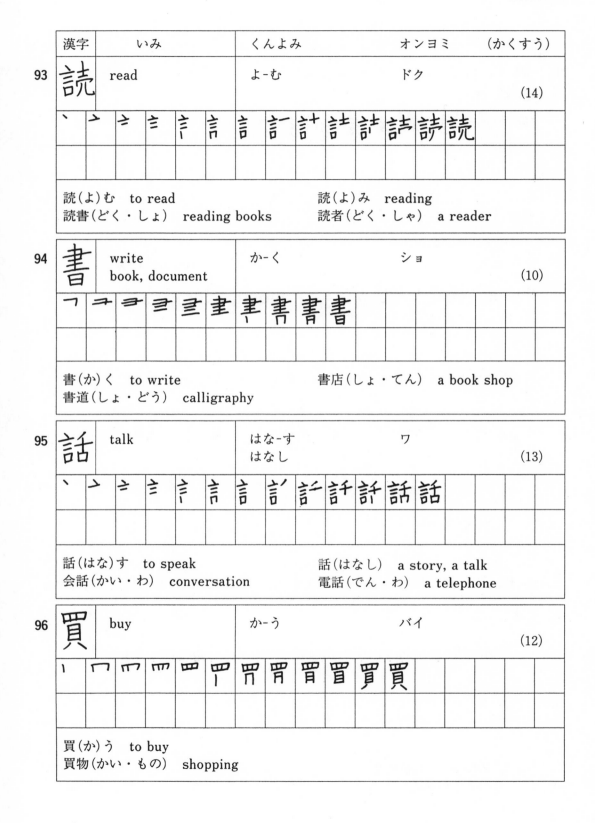

漢字		いみ		くんよみ				オンヨミ		（かくすう）

93 読　read　　よ-む　　ドク　　（14）

` 宀 ⺉ 亠 言 言 訁 計 計 計 詰 詰 読 読

読（よ）む　to read　　　　読（よ）み　reading
読書（どく・しょ）　reading books　　読者（どく・しゃ）　a reader

94 書　write, book, document　　か-く　　ショ　　（10）

コ ⺕ ヨ ヨ 聿 聿 書 書 書 書

書（か）く　to write　　　　書店（しょ・てん）　a book shop
書道（しょ・どう）　calligraphy

95 話　talk　　はな-す / はなし　　ワ　　（13）

` 宀 ⺉ 亠 言 言 訁 計 計 計 話 話

話（はな）す　to speak　　　　話（はなし）　a story, a talk
会話（かい・わ）　conversation　　電話（でん・わ）　a telephone

96 買　buy　　か-う　　バイ　　（12）

⺍ 冂 罒 罒 罒 罒 買 買 買 買 買 買

買（か）う　to buy
買物（かい・もの）　shopping

漢字	いみ	くんよみ	オンヨミ	（かくすう）
97 教	educate, teach religion	おし-える	キョウ	(11)

一 十 土 尹 耂 考 孝 耂 孝 敎 教

教(おし)える　to teach　　　　教育(きょう・いく)する　to educate
教会(きょう・かい)　a church　　教室(きょう・しつ)　a classroom

2－2. 読みれんしゅう （Reading Exercises）

Ⅰ. Write the reading of the following Kanji in Hiragana.

1. 話す　2. 聞く　3. 書く　4. 読む　5. 見る　6. 行く　7. 来る

8. 帰る　9. 買う　10. 飲む　11. 食べる　12. 教える

13. 車で 大学へ 行きます。　14. 来月、田中さんが来ます。

15. 肉を 食べますか、魚を 食べますか。　16. デパートで買物をします。

Ⅱ. Write the reading of the following Kanji in Hiragana.

1. きのう古い新聞を読みました。

2. 山田さんと電話で話します。
でん

3. 5時に、うちに帰ります。

4. この教室で日本語を教えます。

5. 大学の書店で安い本を買いました。

6. 私は読書と旅行が好きです。テレビはあまり見ません。

7. 日本の新しい大学を見学します。

8. 10行目の文を読んでください。

2－3．かきれんしゅう（Writing Exercises）

Ⅰ. Fill in the blanks with an appropriate Kanji.

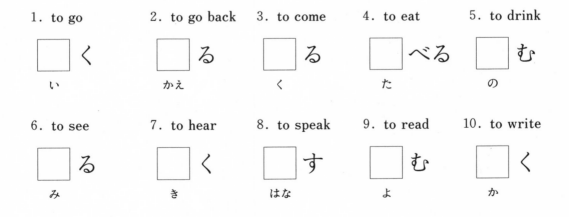

1. to go
□く
い

2. to go back
□る
かえ

3. to come
□る
く

4. to eat
□べる
た

5. to drink
□む
の

6. to see
□る
み

7. to hear
□く
き

8. to speak
□す
はな

9. to read
□む
よ

10. to write
□く
か

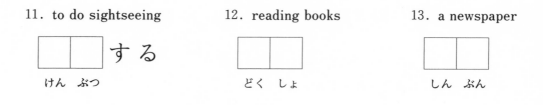

11. to do sightseeing

□□する

けん　ぶつ

12. reading books

□□

どく　しょ

13. a newspaper

□□

しん　ぶん

II. Fill in the blanks with an appropriate Kanji.

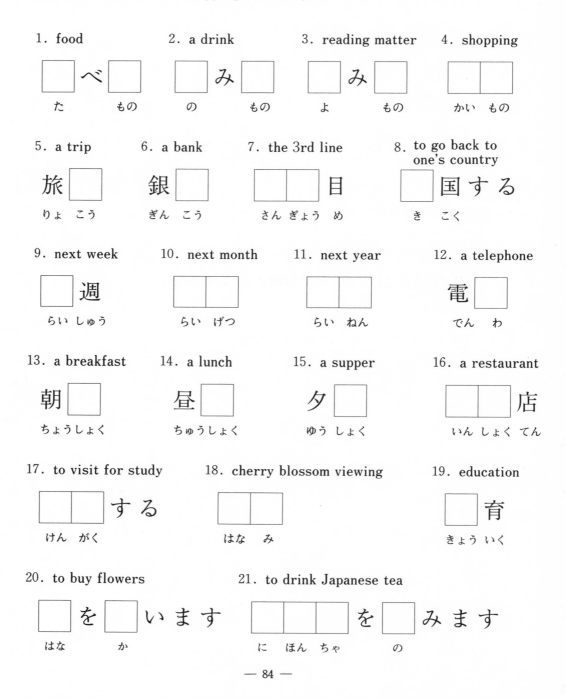

1. food

□べ□

た　　もの

2. a drink

□み□

の　　もの

3. reading matter

□み□

よ　　もの

4. shopping

□□

かい　もの

5. a trip

旅□

りょ　こう

6. a bank

銀□

ぎん　こう

7. the 3rd line

□□目

さん　ぎょう　め

8. to go back to one's country

□国する

き　こく

9. next week

□週

らい　しゅう

10. next month

□□

らい　げつ

11. next year

□□

らい　ねん

12. a telephone

電□

でん　わ

13. a breakfast

朝□

ちょうしょく

14. a lunch

昼□

ちゅうしょく

15. a supper

夕□

ゆうしょく

16. a restaurant

□□店

いん　しょく　てん

17. to visit for study

□□する

けん　がく

18. cherry blossom viewing

□□

はな　み

19. education

□育

きょう　いく

20. to buy flowers

□を□います

はな　　か

21. to drink Japanese tea

□□□を□みます

に　ほん　ちゃ　　の

しっていますか　　　できますか

(Do you know these words?　Can you use them?)

漢字ゲーム（2）　＜動詞＞

See p. 75 to play (A): "かるた" and (B): "しんけいすいじゃく".

食べる　飲む　読む　書く

見る　聞く　話す　休む

行く　来る　上がる　下がる

帰る　買う　教える

第10課
だいじゅっか

ユニット 1 ──── 漢字の話（Lectures on Kanji）

時の漢字 （Kanji for Time）
とき

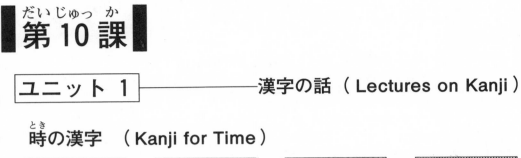

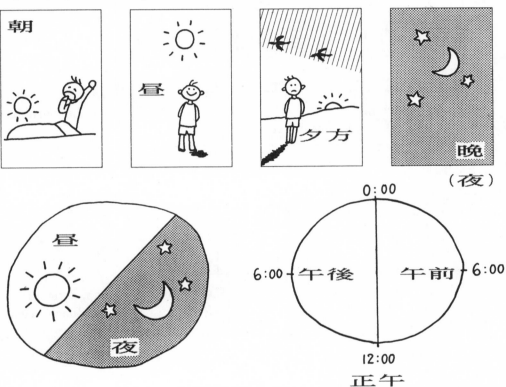

Meal： 朝(あさ)ごはん ＝ 朝食(ちょう・しょく)　breakfast

昼(ひる)ごはん ＝ 昼食(ちゅう・しょく)　lunch

夕(ゆう)ごはん ＝ 夕食(ゆう・しょく)　supper
　　　　　　　　＝ 晩(ばん)ごはん

夜食(や・しょく)　midnight snack

ユニット 2 ──── 第十課のきほん漢字（Basic Kanji）

2－1．漢字の書き方（Kanji Writings）

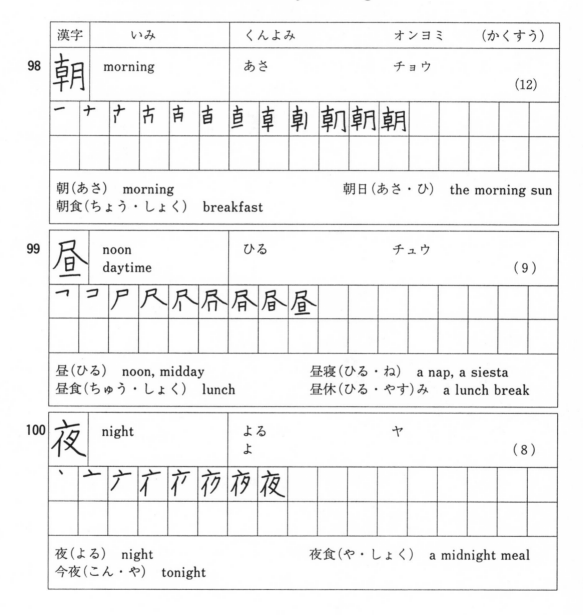

漢字	いみ	くんよみ	オンヨミ	（かくすう）

98 朝　morning　　　　あさ　　　　　チョウ　　　（12）

一　ナ　ナ　市　古　占　直　卓　軋　朝　朝　朝

朝（あさ）　morning　　　　　　　　朝日（あさ・ひ）　the morning sun
朝食（ちょう・しょく）　breakfast

99 昼　noon, daytime　　　ひる　　　　　チュウ　　　（9）

コ　コ　尸　尺　尺　尽　昼　昼　昼

昼（ひる）　noon, midday　　　　昼寝（ひる・ね）　a nap, a siesta
昼食（ちゅう・しょく）　lunch　　昼休（ひる・やす）み　a lunch break

100 夜　night　　　　よる　　　　　ヤ　　　（8）
　　　　　　　　　　　よ

、　一　广　疒　疒　夜　夜　夜

夜（よる）　night　　　　　　　　夜食（や・しょく）　a midnight meal
今夜（こん・や）　tonight

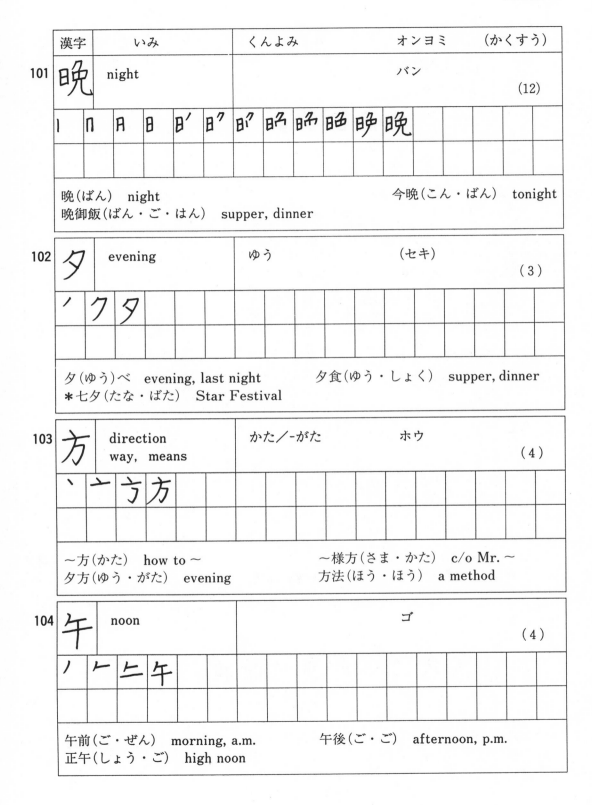

漢字	いみ	くんよみ	オンヨミ （かくすう）

101 晩　night　　　　　バン　　(12)

丨　冂　冃　日　日ˊ　日ˋ　日ˋ　日ˋ　日ˋ　晚　晚　晩

晩（ばん）　night　　　　　　　　今晩（こん・ばん）　tonight
晩御飯（ばん・ご・はん）　supper, dinner

102 夕　evening　　ゆう　　　（セキ）　(3)

ノ　ク　夕

夕（ゆう）べ　evening, last night　　　夕食（ゆう・しょく）　supper, dinner
＊七夕（たな・ばた）　Star Festival

103 方　direction　かた／-がた　　ホウ　(4)
　　way, means

丶　亠　方　方

〜方（かた）　how to 〜　　　　〜様方（さま・かた）　c/o Mr. 〜
夕方（ゆう・がた）　evening　　　方法（ほう・ほう）　a method

104 午　noon　　　　　　ゴ　(4)

ノ　ト　ヒ　午

午前（ご・ぜん）　morning, a.m.　　午後（ご・ご）　afternoon, p.m.
正午（しょう・ご）　high noon

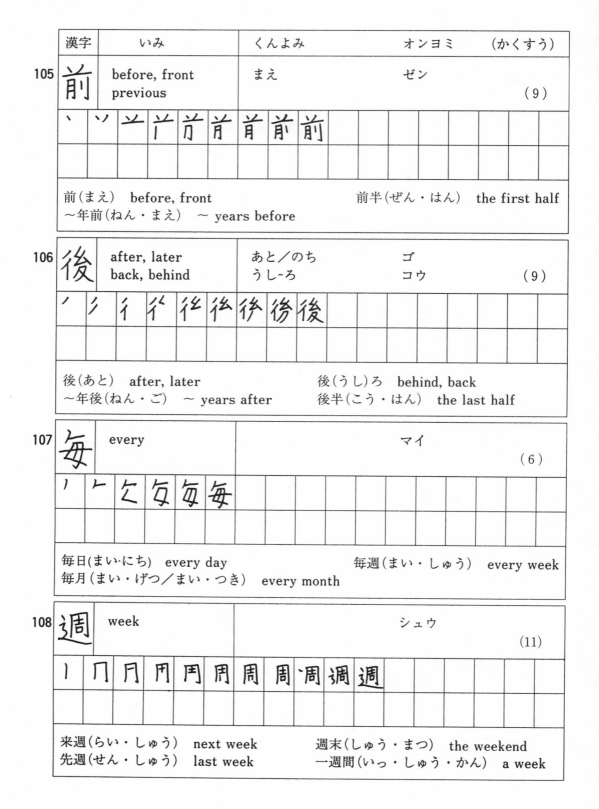

漢字	いみ	くんよみ	オンヨミ （かくすう）
105 前	before, front previous	まえ	ゼン （9）

丶 ソ ソ 产 芦 首 首 前 前

前（まえ）　before, front　　　　　　　　前半（ぜん・はん）　the first half
～年前（ねん・まえ）　～ years before

| 106 後 | after, later
back, behind | あと／のち
うし-ろ | ゴ
コウ （9） |

丶 ク 彳 衤 彳 彳 後 後 後

後（あと）　after, later　　　　　　　　後（うし）ろ　behind, back
～年後（ねん・ご）　～ years after　　後半（こう・はん）　the last half

| 107 毎 | every | | マイ （6） |

丿 ┌ 仁 勾 每 毎

毎日（まい・にち）　every day　　　　　毎週（まい・しゅう）　every week
毎月（まい・げつ／まい・つき）　every month

| 108 週 | week | | シュウ （11） |

丨 刀 月 冂 冂 周 周 周 週 週

来週（らい・しゅう）　next week　　　　週末（しゅう・まつ）　the weekend
先週（せん・しゅう）　last week　　　　一週間（いっ・しゅう・かん）　a week

漢字	いみ	くんよみ	オンヨミ	（かくすう）
109 曜	luminary day of the week		ヨウ	(18)

月曜日（げつ・よう・び）　Monday　　火曜日（か・よう・び）　Tuesday
水曜日（すい・よう・び）　Wednesday　木曜日（もく・よう・び）　Thursday

2－2．読みれんしゅう　（Reading Exercises）

Ⅰ．Write the reading of the following Kanji in Hiragana.

1．朝　2．昼　3．晩　4．夜　5．夕方　6．午前　7．午後

8．月曜　9．火曜　10．水曜　11．木曜　12．金曜　13．土曜

14．日曜　15．毎日　16．前　17．後ろ

Ⅱ．Write the reading of the following Kanji in Hiragana.

1．先週、　今週、　来週、　毎週

2．先月、　今月、　来月、　毎月

3．去年、　今年、　来年、　毎年
　（きょ）

4．私は毎朝日本の新聞を読みます。

5. 夕食の後で日本茶を飲みます。

6. この大学の昼休みは55分です。

7. 水曜日は朝から晩までいそがしいです。

8. 二週間前にこの本を買いました。

2－3. 書きれんしゅう（Writing Exercises）

Ⅰ. Fill in the blanks with an appropriate Kanji.

1. morning

[□]

あさ

2. daytime

[□]

ひる

3. night

[□] = [□]

ばん　　よる

4. evening

[□□]

ゆう　がた

5. every week

[□□]

まい しゅう

6. a.m.

[□□]

ご　ぜん

7. p.m.

[□□]

ご　ご

8. Sunday

[□□□]

にち よう び

Ⅱ. Fill in the blanks with an appropriate Kanji.

1. breakfast

[□□]

ちょうしょく

2. lunch

[□□]

ちゅうしょく

3. supper

[□□]

ゆう しょく

4. a midnight meal

[□□]

や　しょく

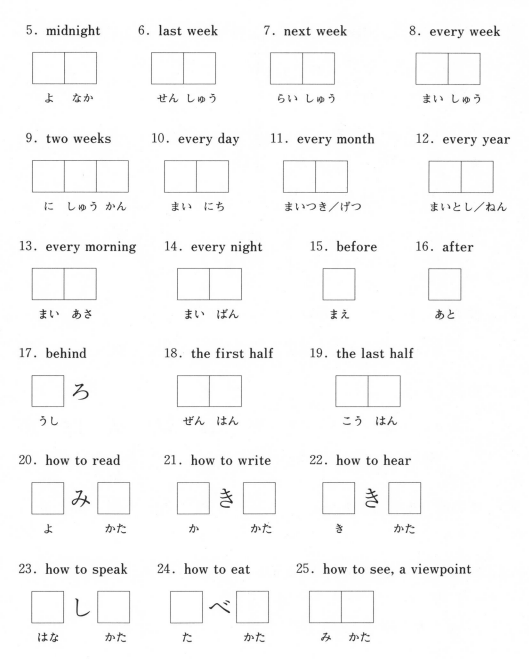

5. midnight

□□

よ　なか

6. last week

□□

せん　しゅう

7. next week

□□

らい　しゅう

8. every week

□□

まい　しゅう

9. two weeks

□□□

に　しゅう　かん

10. every day

□□

まい　にち

11. every month

□□

まいつき／げつ

12. every year

□□

まいとし／ねん

13. every morning

□□

まい　あさ

14. every night

□□

まい　ばん

15. before

□

まえ

16. after

□

あと

17. behind

□ろ

うし

18. the first half

□□

ぜん　はん

19. the last half

□□

こう　はん

20. how to read

□み□

よ　　　かた

21. how to write

□き□

か　　　かた

22. how to hear

□き□

き　　　かた

23. how to speak

□し□

はな　　　かた

24. how to eat

□べ□

た　　　かた

25. how to see, a viewpoint

□□

み　かた

||||||||||||||||||||||||||||||| ふくしゅう |||||||||||||||||||||||||||||||

Review L. 6—10

I. 名詞 (めいし, Nouns)

体： 目 耳 手 足 体

生物： 牛 馬 鳥 魚 貝

時： 朝 昼 晩 夜

その他： 物 石 糸 肉 花 竹 米 茶 文

字 雨 方 前 後

II. 形容詞 (けいようし, Adjectives)

新 古 長 短 暗 高 低 安 多 少

III. 動詞 (どうし, Verbs)

行 来 帰 食 飲 買 見 話 聞 読

書 教

IV. その他 (そのた, Others) 夕 午 毎 週 曜

Make sentences using the following Kanji.

e.g. 時 行 何 → 何時に大学へ行きますか。

1. 飲 茶 朝

2. 肉 高 買

3. 昼 食 魚

4. 新 読 聞

5. 帰 週 来

[形容詞の漢字]

Ⅰ. Fill in the blanks as in the following example.

　　　e.g.　長_い_ 　（　なが-い　）　→　あの人は足が長い。

　　　1.　大＿＿＿（　　　　　　）　→

　　　2.　小＿＿＿（　　　　　　）　→

　　　3.　新＿＿＿（　　　　　　）　→

　　　4.　古＿＿＿（　　　　　　）　→

　　　5.　明＿＿＿（　　　　　　）　→

　　　6.　暗＿＿＿（　　　　　　）　→

　　　7.　多＿＿＿（　　　　　　）　→

　　　8.　少＿＿＿（　　　　　　）　→

　　　9.　高＿＿＿（　　　　　　）　→

　　10.　低＿＿＿（　　　　　　）　→

　　11.　安＿＿＿（　　　　　　）　→

　　12.　短＿＿＿（　　　　　　）　→

Ⅱ. Write the 'ON' reading of the following Kanji and make a word.

　　　e.g.　長　（ちょう）　→　学長

　　　1.　安　（　　　　）　　　　5.　大　（　　　　）

　　　2.　新　（　　　　）　　　　6.　少　（　　　　）

　　　3.　多　（　　　　）　　　　7.　短　（　　　　）

　　　4.　高　（　　　　）　　　　8.　古　（　　　　）

Ⅲ. Give an adjective of the opposite meaning.

　　　e.g. 安　　－　　高

　　　1. 新　　－　　　　　　　　4. 大　　－

　　　2. 長　　－　　　　　　　　5. 多　　－

　　　3. 明　　－　　　　　　　　6. 低　　－

［動詞の漢字］

Ⅰ. Fill in the blanks with appropriate Hiragana.

　　　e.g. 休 みます　　（ やす-みます ）

　　　1. 買＿＿＿＿＿（　　　　　　）　6. 帰＿＿＿＿＿（　　　　　　）

　　　2. 教＿＿＿＿＿（　　　　　　）　7. 読＿＿＿＿＿（　　　　　　）

　　　3. 来＿＿＿＿＿（　　　　　　）　8. 食＿＿＿＿＿（　　　　　　）

　　　4. 話＿＿＿＿＿（　　　　　　）　9. 上＿＿＿＿＿（　　　　　　）

　　　5. 行＿＿＿＿＿（　　　　　　）　10. 下＿＿＿＿＿（　　　　　　）

Ⅱ. Complete sentences using the following Kanji as in the example.

　　　学　生　上　下　見　聞　読　書　教
　　　休　帰　行　来　飲　食　話　買

　　　e.g. ビールを 飲みます　　。

　　　1. テレビを＿＿＿＿＿＿。　　5. 文字を＿＿＿＿＿＿＿。

　　　2. 新聞を＿＿＿＿＿＿。　　　6. 大学で＿＿＿＿＿＿＿。

　　　3. 日本語を＿＿＿＿＿＿。　　7. 大学を＿＿＿＿＿＿＿。

　　　4. 大学へ＿＿＿＿＿＿。　　　8. 魚を＿＿＿＿＿＿＿。

[クロス漢字パズル] (Cross-Kanji Puzzle)

Read the following clues and fill in the blanks with an appropriate Kanji to make a word.

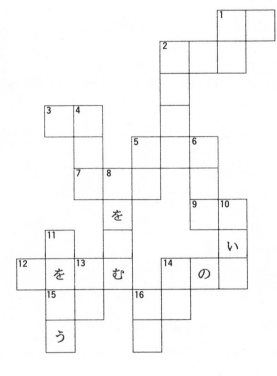

ヨコ (Across) のカギ (clues)

  1. a newspaper
  2. a used car
  3. next month
  5. a university student
  7. a Japanese
  9. a president of the university
  12. to drink water
  14. a gold thread
  15. shopping
  16. small fish

タテ (Down) のカギ

  1. a new car
  2. Central American literature
  4. Monday
  5. an adult
  6. biology
  8. to read a book
  10. a long thread
  11. to buy some flowers
  13. a drink
  14. a goldfish
  16. a small bird

第11課

ユニット 1 ──────── 漢字の話（Lectures on Kanji）

部首 -1- （the radicals -1-）

Most Kanji are formed by more than two components. The followings are the ways the components are formed.

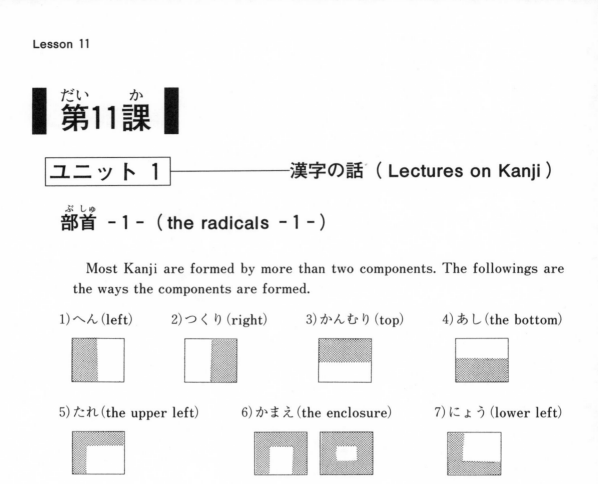

1) へん (left)　　2) つくり (right)　　3) かんむり (top)　　4) あし (the bottom)

5) たれ (the upper left)　　6) かまえ (the enclosure)　　7) にょう (lower left)

▨▨▨ are where the components express the meaning of the Kanji.
We call these components "Bushu (the radicals)". The Kanji made from pictures (or their simplified forms) can be the radicals.

① human beings：人（亻）・女・子・目・耳・口・手（扌）・足…
② animals and plants：牛・馬・鳥・魚・貝・木・竹・米…
③ nature：日・月・火・水（氵）・金・土・石・山・川・雨…
④ life and tool：田・門・糸・車・食（飠）…

（ ）are simplified forms

There are many radicals which can not be used as Kanji by themselves.

れんしゅう Guess to which of the seven radical groups the following belong.

男・間・茶・物・短・書・見・後・週・買・前・低・話・夜・国

1) or 2)： 暗　　　　　　　6) ：

3) or 4)： 花　　　　　　　7) ：

5) ：

1）へん（left）

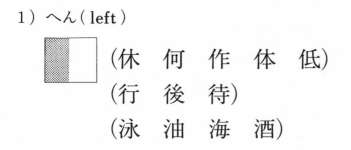

（休 何 作 体 低)
（行 後 待)
（泳 油 海 酒)

The Kanji group with the meaning components located on the left is the largest of the seven groups.

イ = 人 = man　　　彳 = step　　　氵 = 水 = water

Guess the meaning of the common components below.

明 時 晩 暗（日 = 日 = 　　）　　　計 話 語 読 （言 = 言 = 　　）

林 校 森 　（木 = 木 = 　　）　　　飲 飯 　　（食 = 食 = 　　）

2）つくり（right）

The components which carry the meanings can be located on the right.

新
朝
教

斤 = ⚑ = ax
月 = ☽ = moon
攵 = ✋ = hit

ユニット 2 ——— 第十一課のきほん漢字（Basic Kanji）

2−1．漢字の書き方（Kanji Writings）

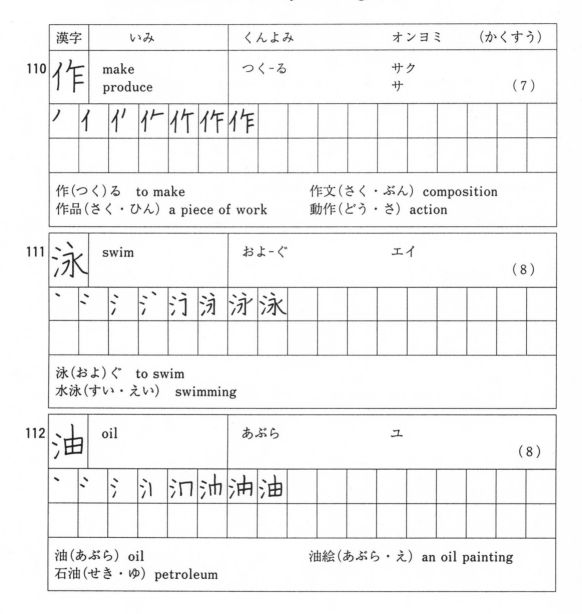

漢字	いみ	くんよみ	オンヨミ	（かくすう）
110 作	make produce	つく-る	サク サ	（7）

ノ イ 亻 仨 作 作 作

作（つく）る　to make
作品（さく・ひん）a piece of work
作文（さく・ぶん）composition
動作（どう・さ）action

111 泳	swim	およ-ぐ	エイ	（8）

丶 冫 氵 氵 汀 汾 泳 泳

泳（およ）ぐ　to swim
水泳（すい・えい）　swimming

112 油	oil	あぶら	ユ	（8）

丶 冫 氵 汩 汩 油 油 油

油（あぶら）oil
石油（せき・ゆ）petroleum
油絵（あぶら・え）an oil painting

漢字	いみ	くんよみ	オンヨミ （かくすう）

113 海 sea　うみ　カイ　(9)

丶 丶 氵 氵 汇 汃 海 海 海

海（うみ）　the sea, the ocean
日本海（に・ほん・かい）the Japan Sea
海外（かい・がい）oversea
海水（かい・すい）sea water

114 酒 rice wine liquor　さけ　シュ　(10)

丶 丶 氵 汀 汀 沔 洒 洒 酒 酒

酒（さけ）liquor
酒屋（さか・や）a liquor shop
日本酒（に・ほん・しゅ）Japanese wine
洋酒（よう・しゅ）foreign liquors

115 待 wait hospitality　ま-つ まち　タイ　(9)

ノ ノ イ 行 行 仕 往 待 待

待（ま）つ　to wait
招待（しょう・たい）する　to invite
待合室（まち・あい・しつ）a waiting room

116 校 school　コウ　(10)

一 十 オ 木 朮 枋 杧 杬 杬 校

学校（がっ・こう）a school
高校生（こう・こう・せい）a high school student
校長（こう・ちょう）a school principal

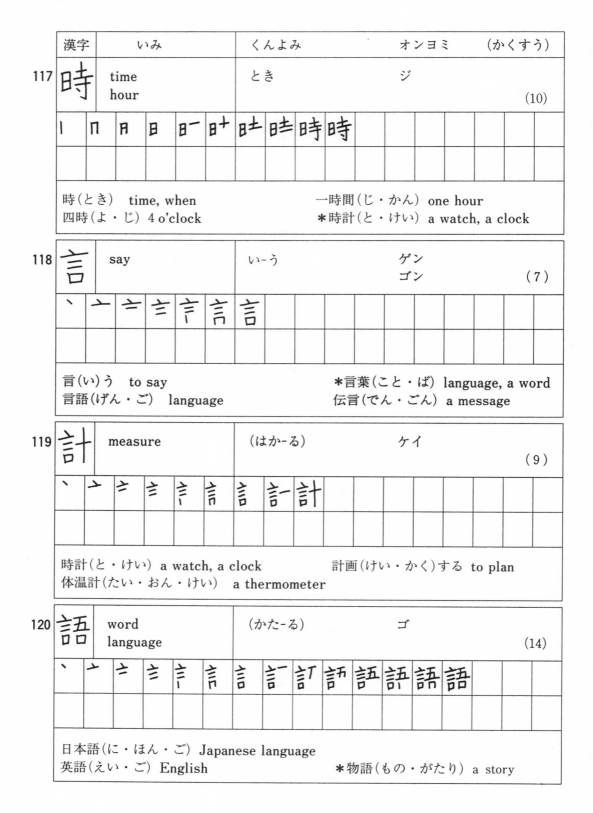

漢字	いみ	くんよみ	オンヨミ	（かくすう）

117 時　time / hour　　とき　　ジ　　（10）

| 丨 | 冂 | 日 | 日 | 日一 | 日十 | 昨 | 昨 | 時 | 時 | | | | |

時（とき）　time, when
四時（よ・じ）　4 o'clock
一時間（じ・かん）one hour
＊時計（と・けい）a watch, a clock

118 言　say　　い–う　　ゲン / ゴン　　（7）

| 丶 | 亠 | 二 | 三 | 言 | 言 | 言 |

言（い）う　to say
言語（げん・ご）language
＊言葉（こと・ば）language, a word
伝言（でん・ごん）a message

119 計　measure　　（はか–る）　　ケイ　　（9）

| 丶 | 亠 | 二 | 言 | 言 | 言 | 言 | 言 | 計 |

時計（と・けい）a watch, a clock
体温計（たい・おん・けい）a thermometer
計画（けい・かく）する to plan

120 語　word / language　　（かた–る）　　ゴ　　（14）

| 丶 | 亠 | 二 | 言 | 言 | 言 | 言 | 言 | 訂 | 語 | 語 | 語 | 語 | 語 |

日本語（に・ほん・ご）Japanese language
英語（えい・ご）English
＊物語（もの・がたり）a story

漢字	いみ	くんよみ	オンヨミ	（かくすう）
121 飯	cooked rice meal, food	めし	ハン	(12)

ノ	𠂉	𠂉	今	今	今	食	食	食	飣	飣	飯				

ご飯（ご・はん）cooked rice, meal ＝ 飯（めし）a colloquial word used by male
夕飯（ゆう・はん）　supper

2－2．読みれんしゅう（Reading Exercises）

Ⅰ．Write the reading of the following Kanji in Hiragana.

　　1．作る　　2．泳ぐ　　3．油　　4．海　　5．酒　　6．待つ　　7．学校

　　8．時間　　9．時計　　10．言う　　11．日本語　　12．ご飯

　　13．水泳　　14．石油　　15．校長

Ⅱ．Write the reading of the following Kanji in Hiragana.

　　1．日本語で作文を書きました。

　　2．学校のプールで一時間泳ぎました。

　　3．ラテン語は古い言語です。

　　4．夕飯は魚とご飯とみそしるです。
　　　　　　　　　　　soy bean soup

　　5．きのう酒屋で日本酒を一本買いました。

6. 大学の大きい時計の下で田中さんを待ちます。

7. スーパーで米とパンと油としょうゆを買います。
   soy sauce

2－3. 書きれんしゅう（Writing Exercises）

Ⅰ. Fill in the blanks with an appropriate Kanji.

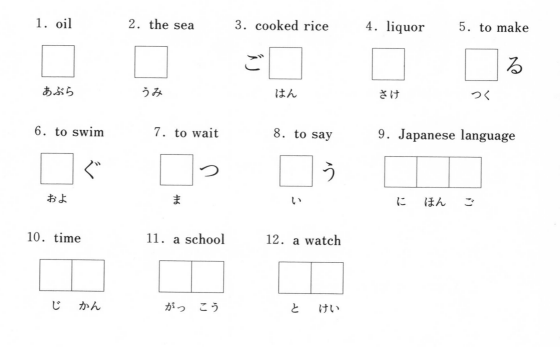

1. oil
   □
   あぶら

2. the sea
   □
   うみ

3. cooked rice
   ご □
   はん

4. liquor
   □
   さけ

5. to make
   □る
   つく

6. to swim
   □ぐ
   およ

7. to wait
   □つ
   ま

8. to say
   □う
   い

9. Japanese language
   □□□
   に ほん ご

10. time
    □□
    じ かん

11. a school
    □□
    がっ こう

12. a watch
    □□
    と けい

Ⅱ. Fill in the blanks with an appropriate Kanji.

1. 4 o'clock
   □□
   よ じ

2. 5 o'clock
   □□
   ご じ

3. 6 o'clock
   □□
   ろく じ

4. 7：00 a.m.
   □□□□
   ご ぜん しち じ

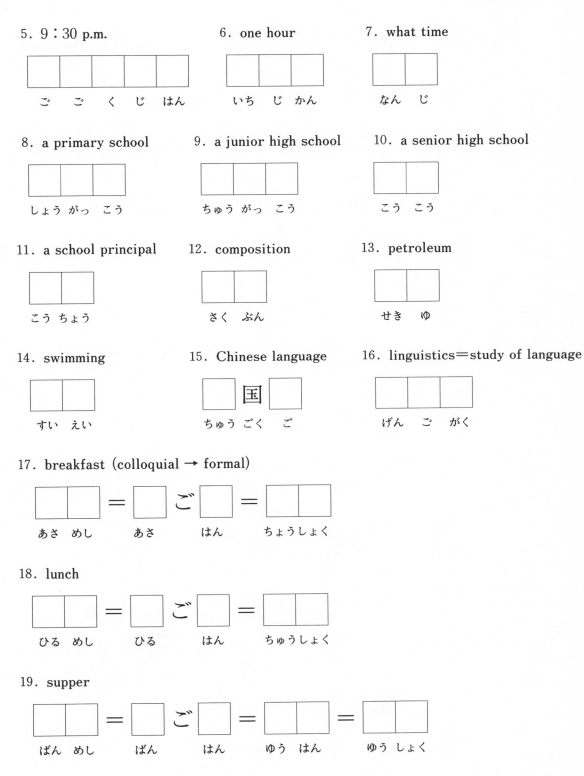

5. 9：30 p.m.

　　ご　ご　く　じ　はん

6. one hour

　　いち　じ　かん

7. what time

　　なん　じ

8. a primary school

　　しょう　がっ　こう

9. a junior high school

　　ちゅう　がっ　こう

10. a senior high school

　　こう　こう

11. a school principal

　　こう　ちょう

12. composition

　　さく　ぶん

13. petroleum

　　せき　ゆ

14. swimming

　　すい　えい

15. Chinese language

　　ちゅう　ごく　ご

16. linguistics＝study of language

　　げん　ご　がく

17. breakfast（colloquial → formal）

　　あさ　めし　＝　あさ　ご　はん　＝　ちょうしょく

18. lunch

　　ひる　めし　＝　ひる　ご　はん　＝　ちゅうしょく

19. supper

　　ばん　めし　＝　ばん　ご　はん　＝　ゆう　はん　＝　ゆう　しょく

ユニット 3 ──────── 読み物（Reading Material）

＜キャンプ＞

Read the following passage and guess who is who in the picture below.

　私は学校のともだちとキャンプに来ました。

前田さんはりょうりが上手ですから，昼ご飯を作りました。

まず、牛肉を油でいためました。それから、酒としょうゆをいれました。

林さんは海で泳ぎました。水泳が大好きですから。

山本さんは昼ご飯を待ちました。そして時計を見ました。

中川さんは木の上にいました。日本語で「たすけて！」と言いました。

キャンプ	a camp, camping	まず	first
いためます	to fry	それから	then
しょうゆ	soy sauce	いれます	to add
たすけて！	Help！	「～」と言います	to say, " ～ "

しっていますか　できますか
部首ゲーム１　（Games using radicals）

（Ⅰ）Combine the components and make a kanji.

読み

1. 日 + 寺 ＝ 時　　（ とき・ジ　）
2. 水 + 由 ＝　　　　（　　　　　　）
3. 木 + 交 ＝　　　　（　　　　　　）
4. 彳 + 寺 ＝　　　　（　　　　　　）
5. 食 + 欠 ＝　　　　（　　　　　　）
6. 言 + 五 + 口 ＝　（　　　　　　）
7. 人 + 木 ＝　　　　（　　　　　　）
8. 立 + 木 + 斤 ＝　（　　　　　　）
9. 水 + 毎 ＝　　　　（　　　　　　）
10. 禾 + ム ＝　　　　（　　　　　　）

（Ⅱ）Select the appropriate component from the right-hand box.

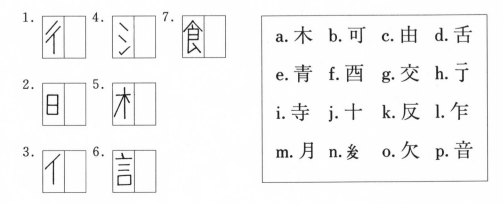

1. 彳　4. ⺡　7. 食

2. 日　5. 木

3. 亻　6. 言

a. 木　b. 可　c. 由　d. 舌
e. 青　f. 酉　g. 交　h. 丁
i. 寺　j. 十　k. 反　l. 乍
m. 月　n. 爻　o. 欠　p. 音

第12課

ユニット 1 ————————漢字の話（Lectures on Kanji）

部首 2 ー かんむり、あし （the radicals ー top, bottom)

Some kanji can be divided in top and bottom.

3）かんむり（top）

（花 茶 英 薬）
（安 字 家 宅 客 室）
（今 食 会）

These common components carry these meanings.

艹 = grass   宀 = roof   へ = man

Guess the meaning of the common components below.

雪 雲 電 　 （ 雲 ＝ 雨 ＝ 　　　　）

4）あし（bottom）

（先 見 売)　　　ノL＝ man's legs
（買)　　　　　　貝 ＝ shell ＝ money

Guess the meaning of the following bottom components.

男 古 岩

— 108 —

ユニット 2 ─────── 第十二課のきほん漢字（Basic Kanji）

2－1．漢字の書き方（Kanji Writings）

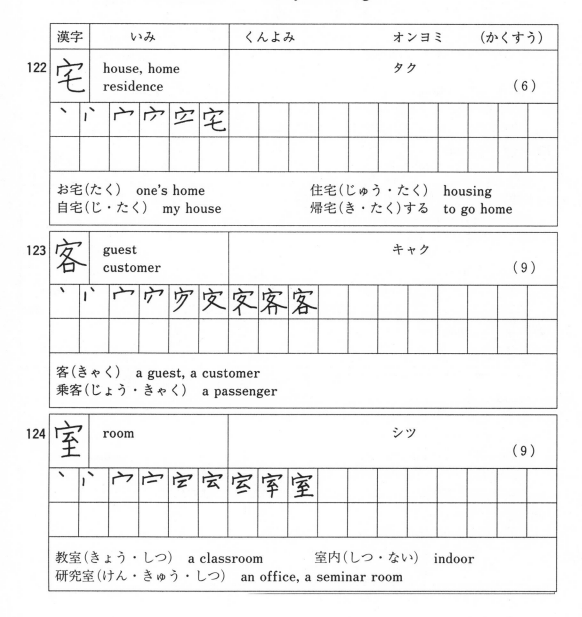

漢字	いみ	くんよみ	オンヨミ	（かくすう）

122 宅 house, home / residence — タク （6）

`ヽ 宀 宀 宀 宅 宅`

お宅（たく）　one's home
自宅（じ・たく）　my house

住宅（じゅう・たく）　housing
帰宅（き・たく）する　to go home

123 客 guest / customer — キャク （9）

`ヽ 宀 宀 宀 安 安 客 客`

客（きゃく）　a guest, a customer
乗客（じょう・きゃく）　a passenger

124 室 room — シツ （9）

`ヽ 宀 宀 宀 宏 宏 宏 室 室`

教室（きょう・しつ）　a classroom
研究室（けん・きゅう・しつ）　an office, a seminar room

室内（しつ・ない）　indoor

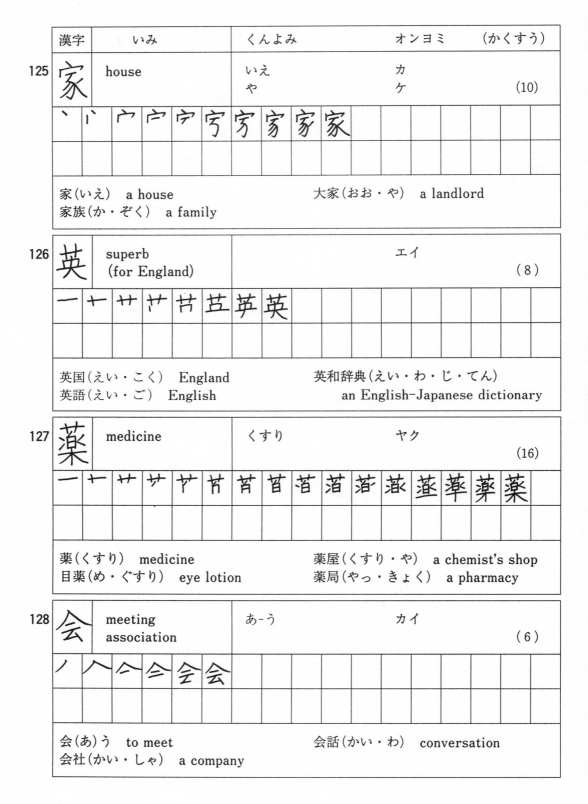

漢字	いみ	くんよみ	オンヨミ　　（かくすう）

125 家　house　　　　　　　　いえ　　　　　　　　カ
　　　　　　　　　　　　　　　　や　　　　　　　　ケ　　　（10）

丶　丷　宀　宀　宀　宁　宁　家　家　家

家（いえ）　a house　　　　　　大家（おお・や）　a landlord
家族（か・ぞく）　a family

126 英　superb　　　　　　　　　　　　　　　エイ
　　　（for England）　　　　　　　　　　　　　　　　（8）

一　十　サ　サ　芢　苊　英　英

英国（えい・こく）　England　　　英和辞典（えい・わ・じ・てん）
英語（えい・ご）　English　　　　　　an English-Japanese dictionary

127 薬　medicine　　　　　　　くすり　　　　　　ヤク
　　　　　　　　　　　　　　　　　　　　　　　　　　（16）

一　十　サ　サ　ヤ　苫　苫　苫　苔　萡　萡　萮　莁　蓮　蓮　薬

薬（くすり）　medicine　　　　　薬屋（くすり・や）　a chemist's shop
目薬（め・ぐすり）　eye lotion　　薬局（やっ・きょく）　a pharmacy

128 会　meeting　　　　　　　あ‐う　　　　　　カイ
　　　association　　　　　　　　　　　　　　　　　　（6）

ノ　人　ム　今　会　会

会（あ）う　to meet　　　　　　会話（かい・わ）　conversation
会社（かい・しゃ）　a company

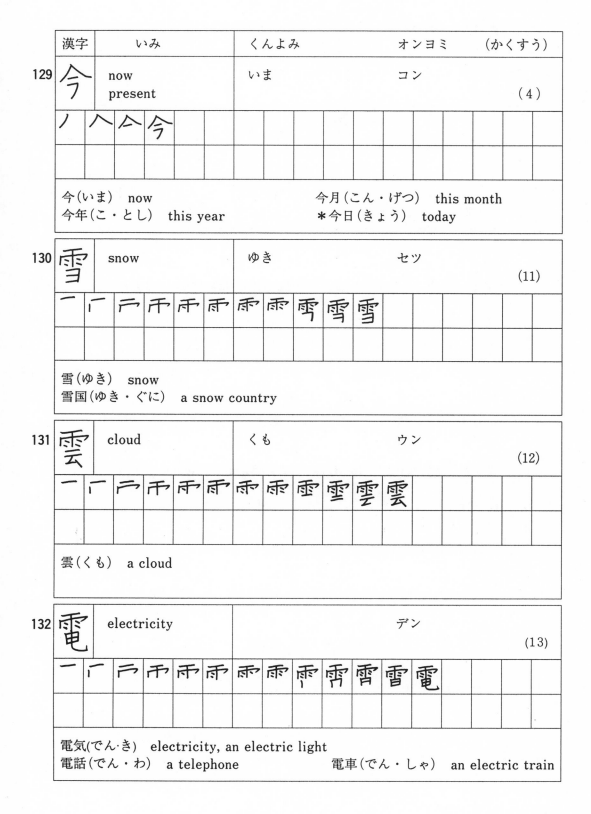

漢字	いみ		くんよみ	オンヨミ	（かくすう）

129 今　now present　　いま　　コン　　（4）

ノ　ト　今　今

今（いま）　now　　　　　　今月（こん・げつ）　this month
今年（こ・とし）　this year　　＊今日（きょう）　today

130 雪　snow　　ゆき　　セツ　　（11）

一　厂　戸　雨　雨　雨　雪　雪　雪　雪　雪

雪（ゆき）　snow
雪国（ゆき・ぐに）　a snow country

131 雲　cloud　　くも　　ウン　　（12）

一　厂　戸　雨　雨　雨　雪　雪　雪　雲　雲　雲

雲（くも）　a cloud

132 電　electricity　　デン　　（13）

一　厂　戸　雨　雨　雨　雪　雪　雪　雷　雷　電

電気（でん・き）　electricity, an electric light
電話（でん・わ）　a telephone　　　　電車（でん・しゃ）　an electric train

漢字	いみ		くんよみ		オンヨミ	（かくすう）
133 売	sell		う-る		バイ	（7）

一　十　士　圡　声　声　売

売（う）る　to sell　　　　　　　売店（ばい・てん）　a stand
売（う）り場（ば）　a sales counter

2－2. 読みれんしゅう（Reading Exercises）

Ⅰ. Write the reading of the following Kanji in Hiragana.

1. お宅　2. 客　3. 教室　4. 家　5. 英語　6. 薬　7. 会う

8. 会話　9. 雪　10. 雲　11. 電話　12. 今　13. 売る

Ⅱ. Write the reading of the following Kanji in Hiragana.

1. 今朝、今晩、今日、今週、今月、今年

2. 先生のけんきゅう室とお宅に電話をかけました。

3. あの薬屋はいつも客が多いです。

4. 今日は雲が多いから暗いですね。電気をつけましょう。

5. 山の方では十一月から雪がふります。

6. 山川さんは車を三十九万円で中古車センターに売りました。

7. 家の前で小学校の校長先生に会いました。

8. 今、教室で英語の会話のテープを聞いています。

2-3. 書きれんしゅう（Writing Exercises）

Ⅰ. Fill in the blanks with an appropriate Kanji.

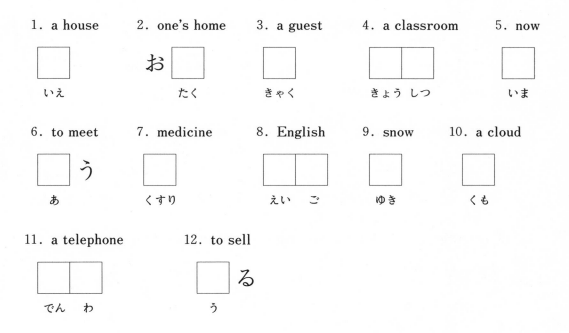

1. a house

　
いえ

2. one's home

お
たく

3. a guest

　
きゃく

4. a classroom

　　
きょう　しつ

5. now

　
いま

6. to meet

　う
あ

7. medicine

　
くすり

8. English

　　
えい　ご

9. snow

　
ゆき

10. a cloud

　
くも

11. a telephone

　　
でん　わ

12. to sell

　る
う

Ⅱ. Fill in the blanks with an appropriate Kanji.

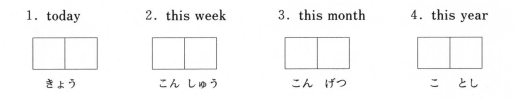

1. today

　　
きょう

2. this week

　　
こん　しゅう

3. this month

　　
こん　げつ

4. this year

　　
こ　とし

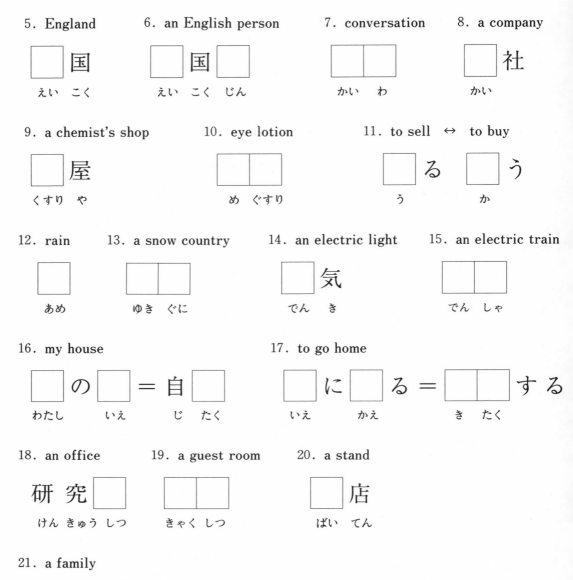

5. England

□国
えい こく

6. an English person

□国□
えい こく じん

7. conversation

□□
かい わ

8. a company

□社
かい

9. a chemist's shop

□屋
くすり や

10. eye lotion

□□
め ぐすり

11. to sell ↔ to buy

□る □う
う か

12. rain

□
あめ

13. a snow country

□□
ゆき ぐに

14. an electric light

□気
でん き

15. an electric train

□□
でん しゃ

16. my house

□の□＝自□
わたし いえ じ たく

17. to go home

□に□る＝□□する
いえ かえ き たく

18. an office

研究□
けん きゅう しつ

19. a guest room

□□
きゃく しつ

20. a stand

□店
ばい てん

21. a family

□族
か ぞく

ユニット 3 ──────── 読み物（Reading Material）

＜はがき＞ （Postcard）

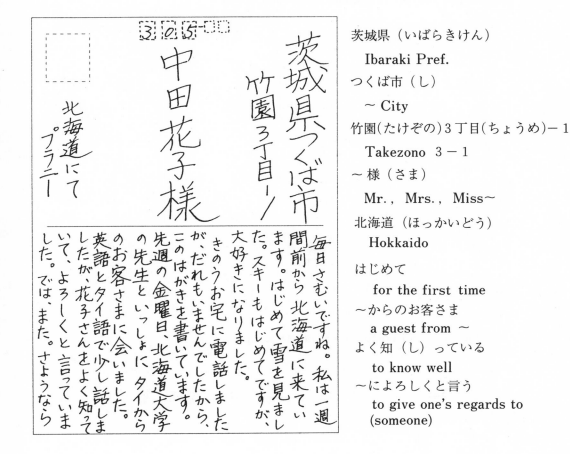

毎日さむいですね。私は一週間前から北海道に来ています。はじめて雪を見ました。スキーもはじめてですが、大好きになりました。きのうお宅に電話しましたが、だれもいませんでしたから、このはがきを書いています。先週の金曜日、北海道大学の先生といっしょにタイからのお客さまに会いました。英語とタイ語で少し話しましたが、花子さんをよく知っていて、よろしくと言っていました。では、また。さようなら

（あて名）
茨城県つくば市
竹園3丁目－1
中田花子様
3 0 5

北海道にて
プラニー

茨城県（いばらきけん）
　Ibaraki Pref.
つくば市（し）
　~ City
竹園（たけぞの）3丁目（ちょうめ）－1
　Takezono 3 － 1
~ 様（さま）
　Mr., Mrs., Miss~
北海道（ほっかいどう）
　Hokkaido
はじめて
　for the first time
~からのお客さま
　a guest from ~
よく知（し）っている
　to know well
~によろしくと言う
　to give one's regards to
　(someone)

[しつもん]　1．だれがだれにこのはがきを書きましたか。

2．この人は今どこにいますか。

3．この人はきのう何をしましたか。

4．この人はいつタイからのお客さまに会いましたか。

5．この人はそのタイ人と何語で話しましたか。

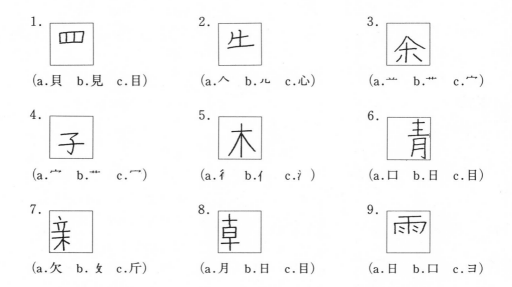

しっていますか できますか

部首ゲーム2 （Games using radicals）

Ⅰ. Select the appropriate component from （ ）.

1.
四
(a.貝　b.見　c.目)

2.
生
(a.へ　b.儿　c.心)

3.
余
(a.亠　b.艹　c.宀)

4.
子
(a.宀　b.艹　c.冖)

5.
木
(a.亻　b.彳　c.氵)

6.
青
(a.口　b.日　c.目)

7.
亲
(a.欠　b.攵　c.斤)

8.
草
(a.月　b.日　c.目)

9.
雨
(a.日　b.口　c.ヨ)

Ⅱ. Combine top and bottom and make a kanji.

a.⺌　b.艹　c.⺤　d.宀　e.⺌　f.雨　g.人

1.化　2.子　3.良　4.楽　5.至　6.云　7.ヨ

9.ラ　10.女

第13課

ユニット 1 ──────── 漢字の話（Lectures on Kanji）

部首 3 － たれ、かまえ －

（the radicals － upper left, enclosure）

The meanings of some components are located on the upper left or on the enclosure.

5）たれ（upper left）

（広　店　度）　　　广 ＝ roof

（病　疲　痛）　　　疒 ＝ sickness

（屋）　　　　　　　尸 ＝ corpse
　　　　　　　　　　　　（or crouched body）

6）かまえ（enclosure）

（間　開　閉　聞）　門 ＝ two doors

（円　肉）　　　　　冂 ＝ enclose

（回　困　国）　　　囗 ＝ border

In which location is the meaning component of the following Kanji below?

1．先　　2．体　　3．暗　　4．新　　5．高　　6．海

7．広　　8．花　　9．間　　10．買　　11．安　　12．国

ユニット 2 ──── 第十三課のきほん漢字（Basic Kanji）

2-1. 漢字の書き方（Kanji Writings）

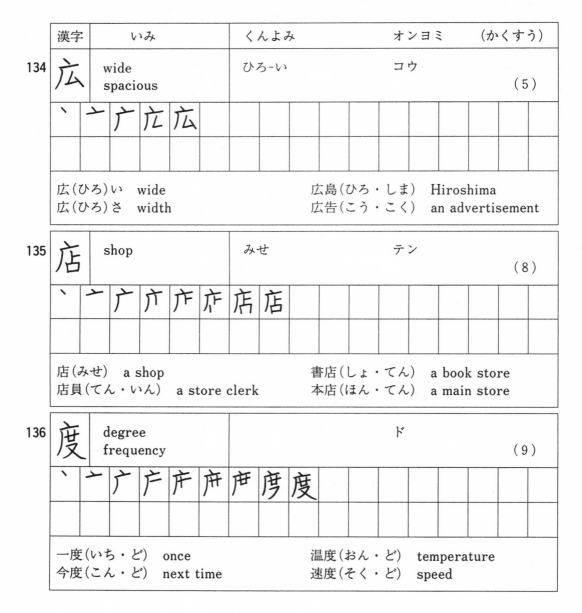

漢字	いみ	くんよみ	オンヨミ （かくすう）

134 広 — wide, spacious — ひろ-い — コウ （5）

` 一 广 広 広

広（ひろ）い　wide　　　　　　広島（ひろ・しま）　Hiroshima
広（ひろ）さ　width　　　　　　広告（こう・こく）　an advertisement

135 店 — shop — みせ — テン （8）

` 一 广 广 广 庁 店 店

店（みせ）　a shop　　　　　　書店（しょ・てん）　a book store
店員（てん・いん）　a store clerk　　本店（ほん・てん）　a main store

136 度 — degree, frequency — ド （9）

` 一 广 广 广 庐 庐 庐 度

一度（いち・ど）　once　　　　温度（おん・ど）　temperature
今度（こん・ど）　next time　　速度（そく・ど）　speed

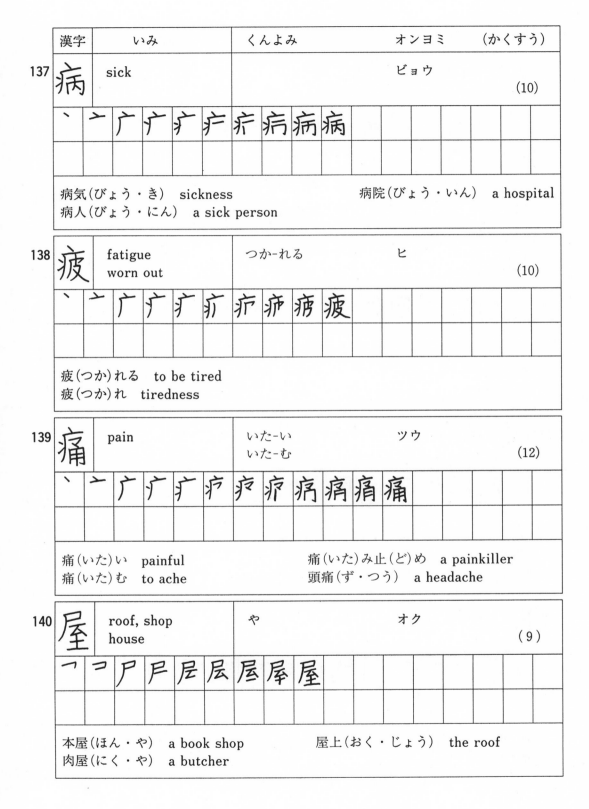

漢字	いみ	くんよみ	オンヨミ	（かくすう）

137 病　sick　　　　　　ビョウ　（10）

丶　亠　广　疒　疒　疒　疒　病　病　病

病気（びょう・き）　sickness　　　　　病院（びょう・いん）　a hospital
病人（びょう・にん）　a sick person

138 疲　fatigue / worn out　つか-れる　ヒ　（10）

丶　亠　广　疒　疒　疒　疔　疓　疲　疲

疲（つか）れる　to be tired
疲（つか）れ　tiredness

139 痛　pain　いた-い / いた-む　ツウ　（12）

丶　亠　广　疒　疒　疒　疗　疗　病　痛　痛　痛

痛（いた）い　painful　　　　　　痛（いた）み止（ど）め　a painkiller
痛（いた）む　to ache　　　　　　頭痛（ず・つう）　a headache

140 屋　roof, shop house　や　オク　（9）

フ　コ　尸　尸　层　层　层　屋　屋

本屋（ほん・や）　a book shop　　　　　屋上（おく・じょう）　the roof
肉屋（にく・や）　a butcher

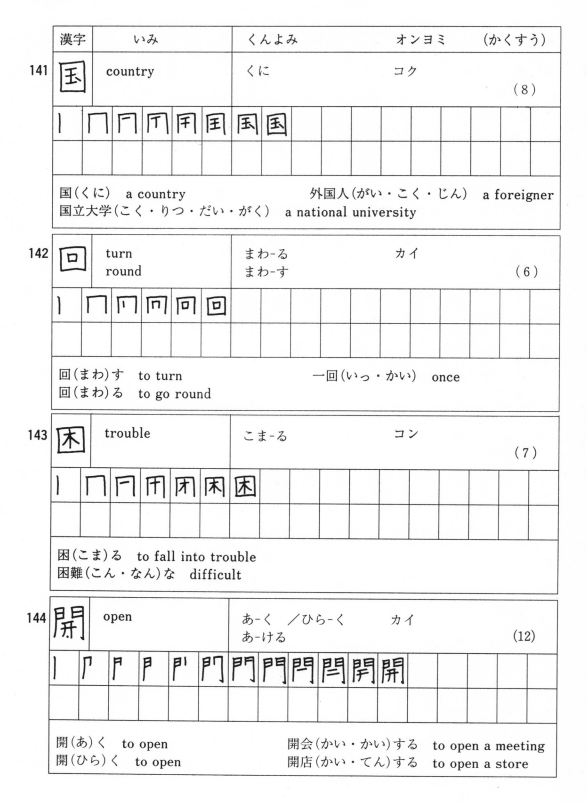

漢字	いみ	くんよみ	オンヨミ	（かくすう）

141 国　country　　くに　　コク　　（8）

一	冂	冂	冂	囷	国	国	国							

国（くに）　a country　　　　　　外国人（がい・こく・じん）　a foreigner
国立大学（こく・りつ・だい・がく）　a national university

142 回　turn　round　まわ-る　まわ-す　カイ　（6）

一	冂	冂	冋	回	回									

回（まわ）す　to turn　　　　一回（いっ・かい）　once
回（まわ）る　to go round

143 困　trouble　こま-る　コン　（7）

一	冂	冂	囗	困	困	困								

困（こま）る　to fall into trouble
困難（こん・なん）な　difficult

144 開　open　あ-く　／ひら-く　あ-ける　カイ　（12）

一	冂	冂	閂	門	門	門	門	門	開	開	開			

開（あ）く　to open　　　　　開会（かい・かい）する　to open a meeting
開（ひら）く　to open　　　　開店（かい・てん）する　to open a store

漢字	いみ	くんよみ	オンヨミ	（かくすう）
145 閉	close	し-まる し-める／と-じる	ヘイ	(11)

丨	冂	冂	冋	冋'	門	門	門	門	閄	閉				

閉（し）まる	to close	閉会（へい・かい）する	to close a meeting
閉（と）じる	to close	閉店（へい・てん）する	to close a store

2－2. 読みれんしゅう（Reading Exercises）

Ⅰ. Write the reading of the following Kanji in Hiragana.

1. 広い　　2. 痛い　　3. 一度　　4. 一回　　5. 国　　6. 病人　　7. 店

8. 本屋　　9. 疲れる　　10. 困る　　11. 開ける　　12. 閉める　　13. 英国

Ⅱ. Write the reading of the following Kanji in Hiragana.

1. 花屋、　　魚屋、　　薬屋、　　酒屋、　　肉屋

2. 家の回りに木がたくさんあります。

3. その店の開店時間と閉店時間を教えてください。

4. 足が痛いから、今度の土曜日に病院に行きます。
　　　　　　　　　　　　　　　　　いん

5. 外国語ができませんから、困ります。
　がい

— 121 —

6. この大学は国立大学で、外国人学生も多い。

7. 森川書店は古本屋です。毎日午前十時に開いて、午後五時半に閉まります。

8. 今日は夜の九時まで教えましたから、疲れました。

9. 店を休んで、電車で薬屋へ行きました。

10. 広島大学は私立大学ではありません。

2－3．書きれんしゅう (Writing Exercises)

I. Fill in the blanks with an appropriate Kanji.

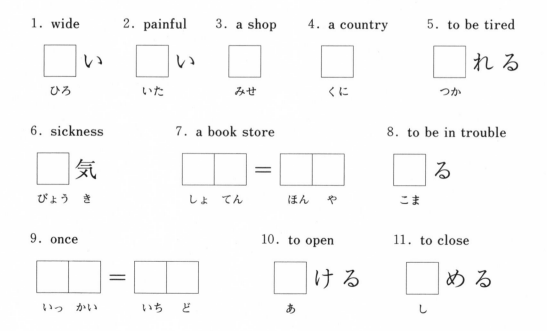

1. wide   2. painful   3. a shop   4. a country   5. to be tired

☐ い   ☐ い   ☐   ☐   ☐ れ る
ひろ   いた   みせ   くに   つか

6. sickness   7. a book store   8. to be in trouble

☐ 気   ☐☐ ＝ ☐☐   ☐ る
びょう き   しょ てん　ほん や   こま

9. once   10. to open   11. to close

☐☐ ＝ ☐☐   ☐ け る   ☐ め る
いっ かい　いち ど   あ   し

Ⅱ. Fill in the blanks with an appropriate Kanji.

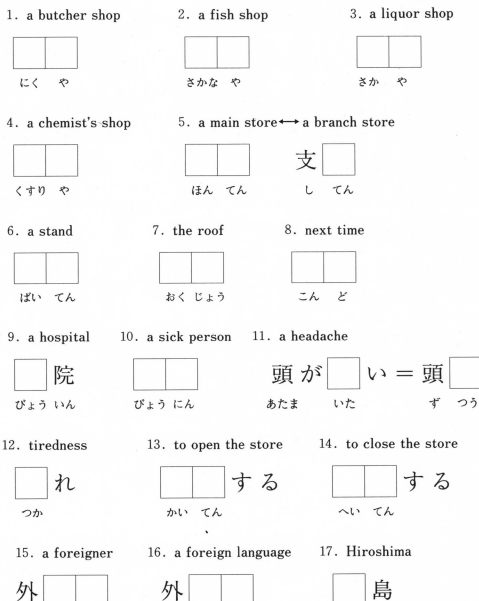

1. a butcher shop
にく や

2. a fish shop
さかな や

3. a liquor shop
さか や

4. a chemist's shop
くすり や

5. a main store ⟷ a branch store
ほん てん　　支〇 し てん

6. a stand
ばい てん

7. the roof
おく じょう

8. next time
こん ど

9. a hospital
〇院 びょう いん

10. a sick person
びょう にん

11. a headache
頭が〇い＝頭〇
あたま いた　ず つう

12. tiredness
〇れ つか

13. to open the store
〇〇する かい てん

14. to close the store
〇〇する へい てん

15. a foreigner
外〇〇 がい こく じん

16. a foreign language
外〇〇 がい こく ご

17. Hiroshima
〇島 ひろ

— 123 —

ユニット 3 ————————読み物（ Reading Material ）

　私はきのう少し疲れて、目が痛かったので、病院に行きました。病院にはだれもいませんでした。私はとても困りました。病院の後ろに薬屋がありますから、その薬屋へ行きました。でも、薬屋は閉まっていました。私はぐうぜんその店の前で広田さんに会いました。広田さんは、私に「いい薬局がありますよ。」と言いました。その薬局は、広田さんのお宅のそばにありました。私はその薬局で目薬を買いました。そして、きのうの晩は九時に休みました。

＊疲れて、〜　　　 to get tired and 〜
　〜ので、　　　 because 〜　＝〜から、
　病院（びょういん）　　a hospital
　とても　very
　でも、〜　　　 But 〜
　閉まっていました　　was closed
　ぐうぜん　by chance
　薬局（やっきょく）　　a pharmacy
　「 〜 」と言いました　（someone）said, “ 〜 ”.

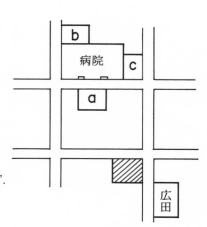

［しつもん］

1. この人はきのうどうしましたか。

2. この人はきのうどうして困りましたか。

3. この人はきのうどこへ行きましたか。

4. 薬屋はどこにありますか。（a, b, c のどれですか。）

5. この人は薬屋の前でだれに会いましたか。

6. 広田さんのお宅のそばに何がありますか。

7. この人は薬局で何を買いましたか。

しっていますか　　できますか

＜店の名前　（Shop names）＞

Which shop do we have to go in order to buy the items below?

1. たまご
2. えんぴつ
3. 石油
4. 牛肉
5. ビール
6. 米
7. パン

8. せっけん
9. くだもの
10. ざっし
11. ガソリン
12. しお
13. さしみ
14. 酒

15. 鳥肉
16. シャンプー
17. ジュース
18. かぜ薬
19. 魚
20. ミルク
21. 油

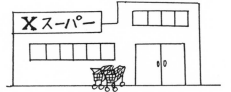

第14課

ユニット 1 ————————漢字の話（Lectures on Kanji）

部首 4 ―にょう―（the radicals ― lower left）

Some meaning components are located in the lower left.

7）にょう（lower left）

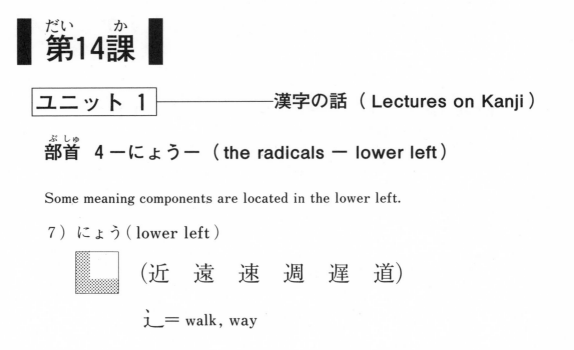

（近　遠　速　週　遅　道）

辶 = walk, way

形声文字（けいせいもじ）
（the meaning components ＋ the sound components）

　In some kanji a different component from the meaning component shows the 'ON YOMI'（Chinese）reading of the kanji.

寺　時　持　→ジ　　時（日 sun ＋ 寺ジ）
　　　　　　　　　　持（手 hand ＋ 寺ジ）

青　晴　静　→セイ　晴（日 sun ＋ 青セイ）
　　　　　　　　　　静（青セイ clear ＋ 争 conflict）

何　荷　歌　→カ　　何（人 man ＋ 可カ）
　　　　　　　　　　荷（艹 grass ＋ 可カ）
　　　　　　　　　　歌（可カ ＋ 欠 open mouth）

ユニット 2 ──── 第十四課のきほん漢字（Basic Kanji）

2－1．漢字の書き方（Kanji Writings）

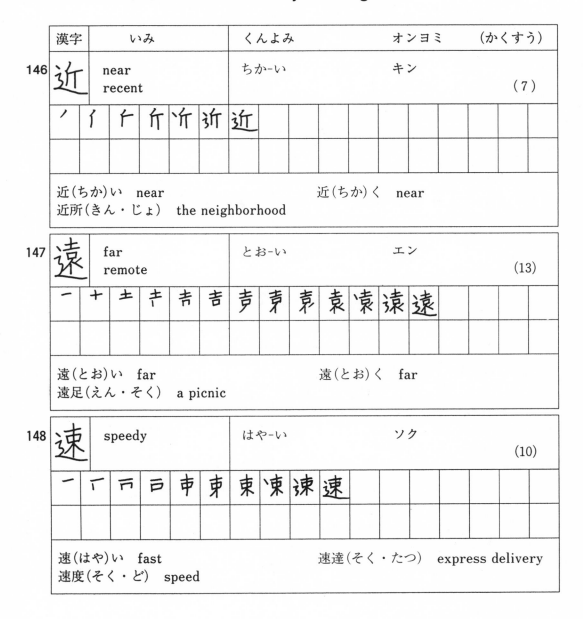

漢字	いみ	くんよみ	オンヨミ	（かくすう）

146 近　near / recent　　ちか-い　　キン　　（7）

ノ　亻　厂　斤　斤　近　近

近（ちか）い　near　　　　　近（ちか）く　near
近所（きん・じょ）　the neighborhood

147 遠　far / remote　　とお-い　　エン　　（13）

一　十　土　キ　吉　吉　声　声　克　袁　袁　遠　遠

遠（とお）い　far　　　　　遠（とお）く　far
遠足（えん・そく）　a picnic

148 速　speedy　　はや-い　　ソク　　（10）

一　厂　冂　日　束　東　東　凍　速　速

速（はや）い　fast　　　　　速達（そく・たつ）　express delivery
速度（そく・ど）　speed

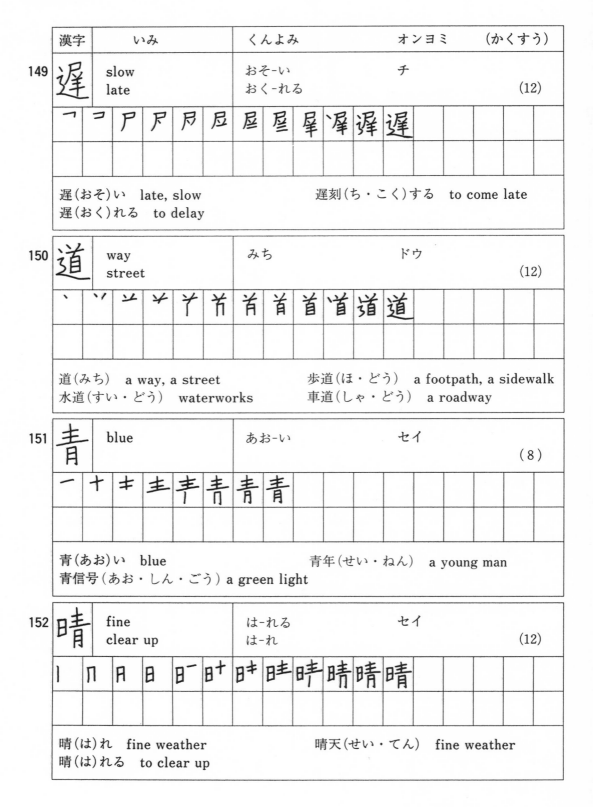

漢字	いみ	くんよみ	オンヨミ	（かくすう）

149 遅 slow / late　おそ-い　おく-れる　チ　(12)

⁻ ⁻ 尸 尸 尸 尼 屋 屋 犀 犀 遅 遅

遅（おそ）い　late, slow
遅（おく）れる　to delay
遅刻（ち・こく）する　to come late

150 道 way / street　みち　ドウ　(12)

` ⁼ ⁼ ⁼ ⁼ 首 首 首 首 道 道

道（みち）　a way, a street
水道（すい・どう）　waterworks
歩道（ほ・どう）　a footpath, a sidewalk
車道（しゃ・どう）　a roadway

151 青 blue　あお-い　セイ　(8)

一 十 キ 主 青 青 青 青

青（あお）い　blue
青信号（あお・しん・ごう）a green light
青年（せい・ねん）　a young man

152 晴 fine / clear up　は-れる　は-れ　セイ　(12)

｜ 冂 月 日 日 日 日 晴 晴 晴 晴 晴

晴（は）れ　fine weather
晴（は）れる　to clear up
晴天（せい・てん）　fine weather

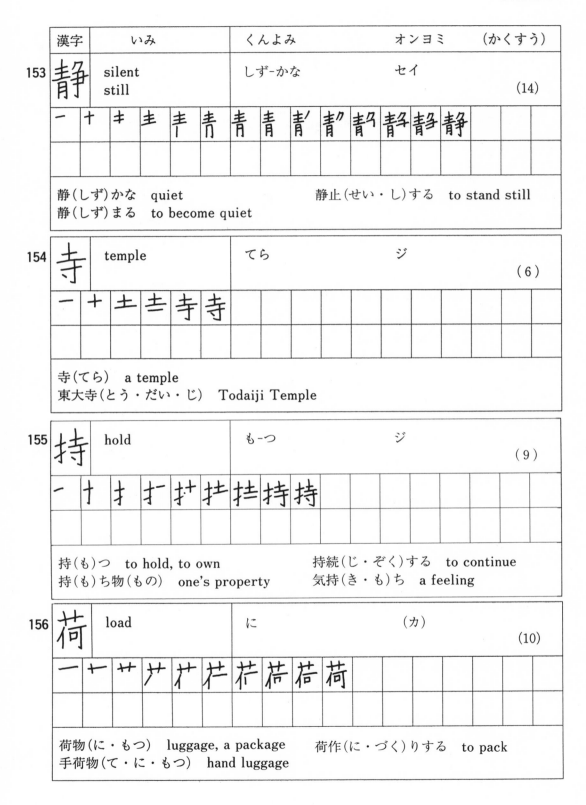

漢字	いみ	くんよみ	オンヨミ	（かくすう）

153 静　silent / still　しず-かな　セイ　（14）

一 十 キ 圭 丰 青 青 青 青′ 靑″ 靑⁴ 靜 静 静

静（しず）かな　quiet　　　静止（せい・し）する　to stand still
静（しず）まる　to become quiet

154 寺　temple　てら　ジ　（6）

一 十 土 圭 寺 寺

寺（てら）　a temple
東大寺（とう・だい・じ）　Todaiji Temple

155 持　hold　も-つ　ジ　（9）

一 十 扌 扩 扩 扩 持 持 持

持（も）つ　to hold, to own　　　持続（じ・ぞく）する　to continue
持（も）ち物（もの）　one's property　　気持（き・も）ち　a feeling

156 荷　load　に　（カ）　（10）

一 十 艹 艹 芢 荁 荷 荷 荷

荷物（に・もつ）　luggage, a package　　荷作（に・づく）りする　to pack
手荷物（て・に・もつ）　hand luggage

漢字	いみ		くんよみ		オンヨミ	（かくすう）
157 歌	song		うた うた-う		カ	（14）

一	厂	可	可	可	叵	哥	哥	哥	哥	哥	哥ケ	歌ケ	歌		

歌（うた） a song
歌（うた）う to sing
歌手（か・しゅ） a singer
国歌（こっ・か） the national anthem

2−2. 読みれんしゅう（Reading Exercises）

Ⅰ． Write the reading of the following Kanji in Hiragana.

1. 近い 2. 遠い 3. 速い 4. 遅い 5. 青い 6. 静かな

7. 晴れる 8. 歌う 9. 持つ 10. 道 11. 寺 12. 歌 13. 荷物

Ⅱ． Write the reading of the following Kanji in Hiragana.

1. 水道の水を飲みます。

2. ひこうきの中に手荷物を持ちこみます。

3. 静かな山の寺で休みました。

4. 近所の子どもたちとクリスマスの歌を歌った。

5. 電車が十九分遅れて、学校に遅刻した。
こく

6. あの英国人の青年は目が青いです。

7. 近くの森に遠足に行きました。

8. 寺田さんは金持ちです。

9. あしたは夕方から晴れるでしょう。

10. 新幹線の速度は時速何キロですか。
　　　かんせん

2－3．書きれんしゅう（Writing Exercises）

Ⅰ. Fill in the blanks with an appropriate Kanji.

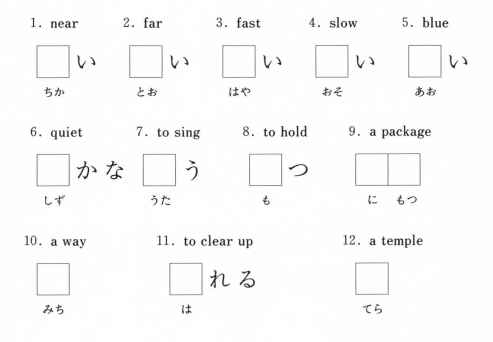

1. near
□い
ちか

2. far
□い
とお

3. fast
□い
はや

4. slow
□い
おそ

5. blue
□い
あお

6. quiet
□かな
しず

7. to sing
□う
うた

8. to hold
□つ
も

9. a package
□□
に　もつ

10. a way
□
みち

11. to clear up
□れる
は

12. a temple
□
てら

Ⅱ. Fill in the blanks with an appropriate Kanji.

1. a singer

☐☐
か　しゅ

2. the national anthem

☐☐
こっ　か

3. hand luggage

☐☐☐
て　に　もつ

4. speed

☐☐
そく　ど

5. a rich person

☐☐ち
かね　も

6. a sidewalk

歩☐
ほ　どう

7. a roadway

☐☐
しゃ　どう

8. the neighborhood

☐所
きん　じょ

9. near

☐く
ちか

10. far

☐く
とお

11. a picnic

☐☐
えん　そく

12. fine weather

☐天
せい　てん

13. to come late

☐刻する
ち　こく

14. to delay

☐れる
おく

15. one's property

☐ち☐
も　　もの

16. a young man

☐☐
せい　ねん

17. a quiet person

☐かな☐
しず　　ひと

ユニット 3 ──────読み物（Reading Material）

青木：　今度の土曜日に遠足に行きます。いっしょに行きませんか。

リー：　いいですね。でも、遠くへ行きますか。

青木：　いいえ、遠くではありません。筑波山の近くに古いお寺があります。

　　　　静かで、いいところですよ。

リー：　何を持って行きますか。

青木：　そうですね。3時間ぐらいあるきますから、重い荷物は困ります。

　　　　昼ご飯と飲み物だけ持って来てください。

リー：　わかりました。

```
＊筑波山(つくばさん)  Mt. Tsukuba
 ところ          a place
 持って行く      to take (something)
 重(おも)い      heavy
 持って来る      to bring (something)
```

[しつもん]　　1. 青木さんはいつ遠足に行きますか。

　　　　　　　2. 青木さんは遠くまで行きますか。

　　　　　　　3. 青木さんはどこへ行きますか。

　　　　　　　4. そこはどんなところですか。

　　　　　　　5. どうして重い荷物は困りますか。

　　　　　　　6. 青木さんたちは遠足に何を持って行きますか。

☐☐☐☐ 知っていますか ☐☐☐☐ できますか

＜天気予報　（Weather forecast）＞

○	快晴　（かいせい）
◐	晴れ
◎	くもり　（曇り）
●	雨
⊗	雪

札幌

仙台

東京

横浜

京都　名古屋

広島　神戸

北九州　大阪

札幌（さっぽろ）

仙台（せんだい）

東京（とうきょう）

横浜（よこはま）

名古屋（なごや）

京都（きょうと）

大阪（おおさか）

神戸（こうべ）

広島（ひろしま）

北九州（きたきゅうしゅう）

第15課
だい　か

ユニット 1 ──────── 漢字の話（Lectures on Kanji）

人間関係の漢字　（Kanji for human relationships）
にんげんかんけい

Ⅰ．Personal pronouns

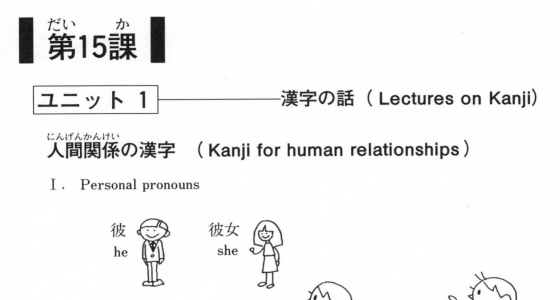

彼　he　　彼女　she

あなた　you（hearer）　　私　I（speaker）

Ⅱ．Family members

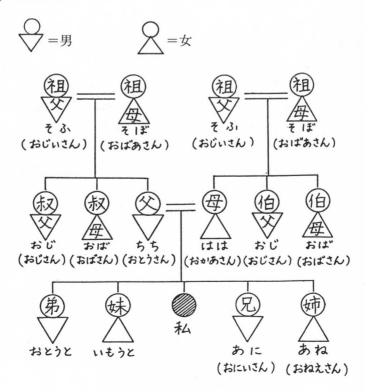

▽＝男　　△＝女

祖父　そふ（おじいさん）　祖母　そぼ（おばあさん）　祖父　そふ（おじいさん）　祖母　そぼ（おばあさん）

叔父　おじ（おじさん）　叔母　おば（おばさん）　父　ちち（おとうさん）　母　はは（おかあさん）　伯父　おじ（おじさん）　伯母　おば（おばさん）

弟　おとうと　妹　いもうと　私　兄　あに（おにいさん）　姉　あね（おねえさん）

There are two ways of addressing family members. Words in Group 1 are used when a speaker refers to his own family and words in Group 2 are used when he refers to someone else's family. But when one addresses his own father at home, he may use the word「お父さん」in Group 2.

	1. Speaker's family	2. Another's family
father	父（ちち）	お父（とう）さん
mother	母（はは）	お母（かあ）さん
elder brother	兄（あに）	お兄（にい）さん
elder sister	姉（あね）	お姉（ねえ）さん
younger brother	弟（おとうと）	弟（おとうと）さん
younger sister	妹（いもうと）	妹（いもうと）さん
husband	主人（しゅじん） 夫（おっと）	ご主人（しゅじん）
wife	家内（かない） 妻（つま）	奥（おく）さん
child	子（こ）ども	お子（こ）さん

ユニット 2 ———— 第十五課のきほん漢字（Basic Kanji）

2－1．漢字の書き方（Kanji Writings）

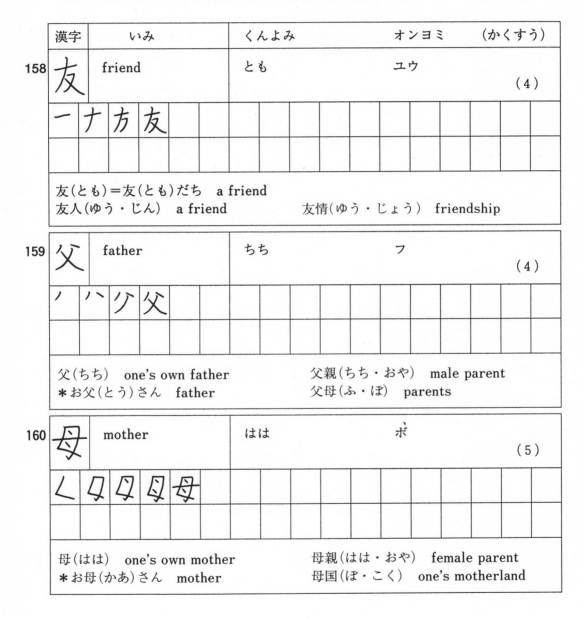

漢字	いみ	くんよみ	オンヨミ	（かくすう）

158 友 friend とも ユウ （4）

一 ナ 方 友

友（とも）＝友（とも）だち　a friend
友人（ゆう・じん）　a friend　　　　友情（ゆう・じょう）　friendship

159 父 father ちち フ （4）

ノ ハ ク 父

父（ちち）　one's own father　　　　父親（ちち・おや）　male parent
＊お父（とう）さん　father　　　　父母（ふ・ぼ）　parents

160 母 mother はは ボ （5）

ﾚ 口 口 口 母

母（はは）　one's own mother　　　　母親（はは・おや）　female parent
＊お母（かあ）さん　mother　　　　母国（ぼ・こく）　one's motherland

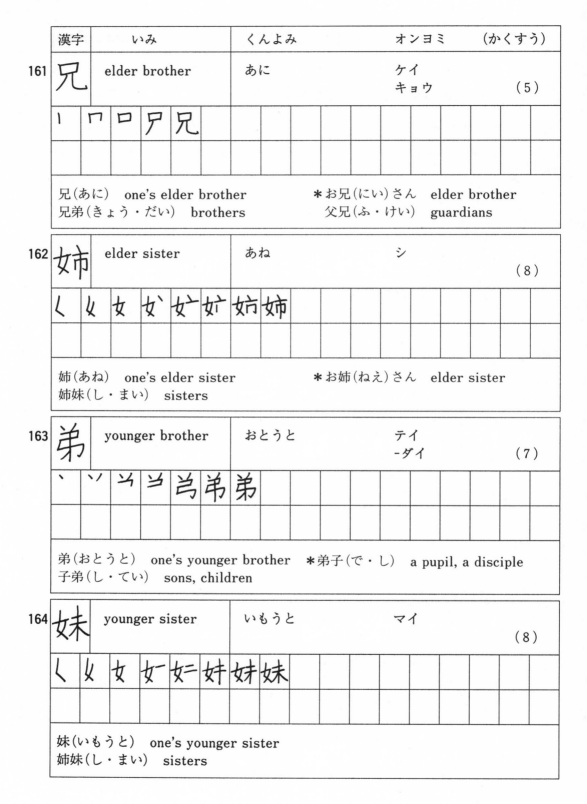

漢字	いみ	くんよみ	オンヨミ	（かくすう）

161 兄　elder brother　あに　ケイ／キョウ　（5）

```
丿  口  口  尸  兄
```

兄（あに）　one's elder brother　　＊お兄（にい）さん　elder brother
兄弟（きょう・だい）　brothers　　父兄（ふ・けい）　guardians

162 姉　elder sister　あね　シ　（8）

```
く  丸  女  女'  女二  女ケ  姉ケ  姉
```

姉（あね）　one's elder sister　　＊お姉（ねえ）さん　elder sister
姉妹（し・まい）　sisters

163 弟　younger brother　おとうと　テイ／-ダイ　（7）

```
丶  丷  丷  当  当  弟  弟
```

弟（おとうと）　one's younger brother　　＊弟子（で・し）　a pupil, a disciple
子弟（し・てい）　sons, children

164 妹　younger sister　いもうと　マイ　（8）

```
く  丸  女  女'  女二  妍  妹'  妹
```

妹（いもうと）　one's younger sister
姉妹（し・まい）　sisters

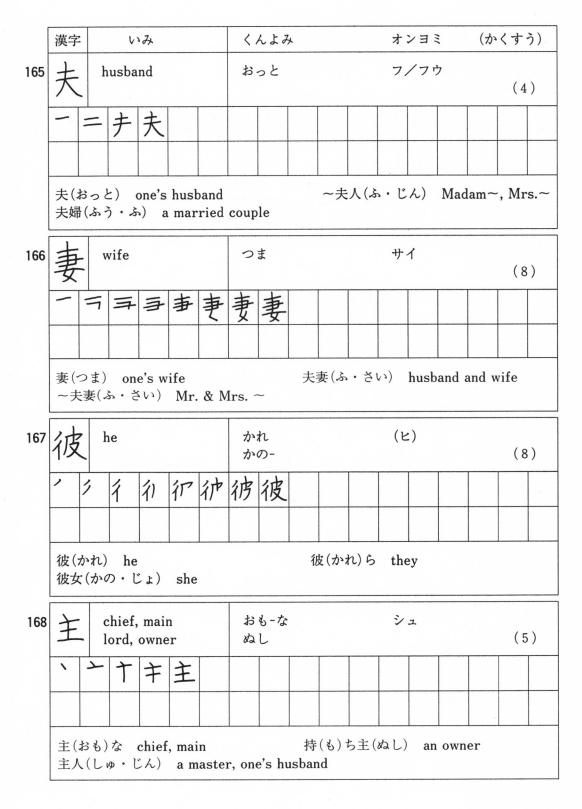

漢字	いみ	くんよみ	オンヨミ	（かくすう）

165 夫 husband — おっと — フ／フウ （4）

一 二 チ 夫

夫（おっと） one's husband　　　　～夫人（ふ・じん） Madam～, Mrs.～
夫婦（ふう・ふ） a married couple

166 妻 wife — つま — サイ （8）

一 ラ ヲ ヨ 妻 妻 妻 妻

妻（つま） one's wife　　　　夫妻（ふ・さい） husband and wife
～夫妻（ふ・さい） Mr. & Mrs. ～

167 彼 he — かれ／かの- — （ヒ） （8）

ノ ク イ 彳 彳 彷 彼 彼

彼（かれ） he　　　　彼（かれ）ら they
彼女（かの・じょ） she

168 主 chief, main / lord, owner — おも-な／ぬし — シュ （5）

丶 亠 ナ 主 主

主（おも）な chief, main　　　　持（も）ち主（ぬし） an owner
主人（しゅ・じん） a master, one's husband

漢字	いみ	くんよみ	オンヨミ	（かくすう）
169 奥	deep, inside interior	おく	（オウ）	（12）

丿 亻 门 冂 冋 冋 冎 咼 奥 奥 奥 奥

奥（おく）　deep inside
奥（おく）さん　other's wife, madam　＝　奥様（おく・さま）

2－2．読みれんしゅう（Reading Exercises）

Ⅰ．Write the reading of the following Kanji in Hiragana.

1．父　　2．母　　3．兄　　4．弟　　5．姉　　6．妹

7．友だち　　8．彼　　9．彼女　　10．お父さん　　11．お母さん

12．お兄さん　　13．お姉さん　　14．奥さん　　15．ご主人　　16．夫と妻

Ⅱ．Write the reading of the following Kanji in Hiragana.

1．山下さんの奥さんは私の兄の友だちです。

2．彼のお姉さんは歌が上手です。

3．弟は中学生で、毎日四時ごろ学校から帰ります。

4．彼女は広い家を持っています。

5. 主人は兄弟が少ないです。

6. きょうは父も母も買物に行っています。

7. きのうの晩、妹と電話で３０分ぐらい話しました。

8. 山田先生ご夫妻におねがいしました。　I asked Mr. and Mrs. Yamada.

2－3. 書きれんしゅう（Writing Exercises）

I. Fill in the blanks with an appropriate Kanji.

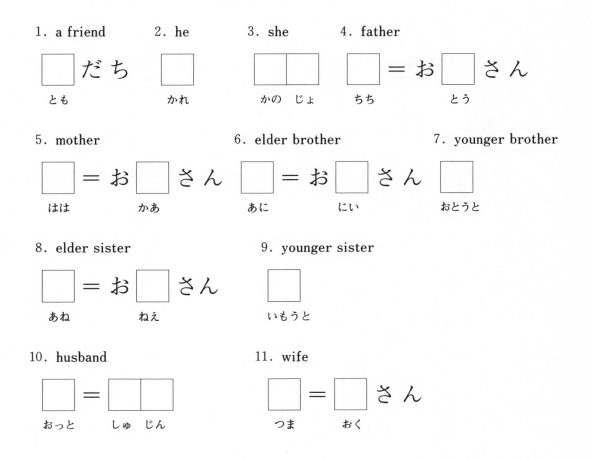

1. a friend
□ だ ち
とも

2. he
□
かれ

3. she
□ □
かの じょ

4. father
□ ＝ お □ さ ん
ちち　　　とう

5. mother
□ ＝ お □ さ ん
はは　　　かあ

6. elder brother
□ ＝ お □ さ ん
あに　　　にい

7. younger brother
□
おとうと

8. elder sister
□ ＝ お □ さ ん
あね　　　ねえ

9. younger sister
□
いもうと

10. husband
□ ＝ □ □
おっと　しゅ じん

11. wife
□ ＝ □ さ ん
つま　　おく

Ⅱ. Fill in the blanks with an appropriate Kanji.

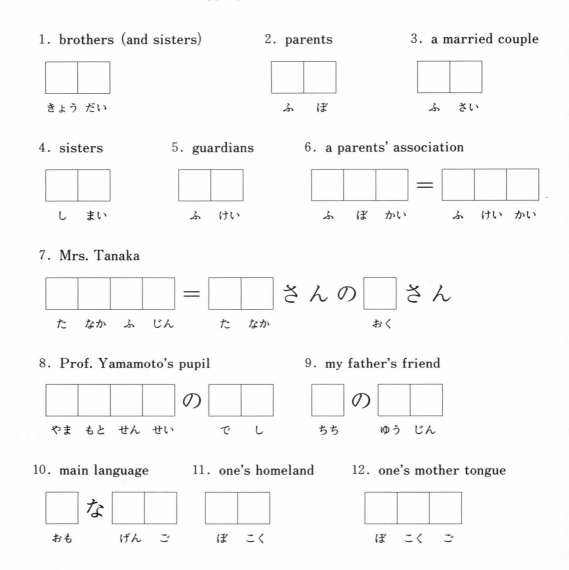

1. brothers (and sisters)

きょう だい

2. parents

ふ ぼ

3. a married couple

ふ さい

4. sisters

し まい

5. guardians

ふ けい

6. a parents' association

ふ ぼ かい ＝ ふ けい かい

7. Mrs. Tanaka

た なか ふ じん ＝ た なか さんの おく さん

8. Prof. Yamamoto's pupil

やま もと せん せい の で し

9. my father's friend

ちち の ゆう じん

10. main language

おも な げん ご

11. one's homeland

ぼ こく

12. one's mother tongue

ぼ こく ご

ユニット 3 ──────── 読み物（Reading Material）

「友だちになってください」

You received several letters from Japanese students wanting a foreign pen friend. The picture below was enclosed in one of the letters. Read the letters and find whose picture that is. And also draw a family tree for each letter.　See p. 135 for an example.

A：　　はじめまして。私は山田道子、大学1年生です。父と母と妹といっしょにすんでいます。父は大学の先生です。妹は高校生で、テニスが大好きです。私もテニスが好きです。お友だちになってくださいませんか。

B：　　私は高校2年の女の子です。母と姉夫妻といっしょにすんでいます。父は2年前になくなりました。今英語をべんきょうしていますが、まだ下手ですから、日本語でおねがいします。

C：　　こんにちは。ぼくは中学3年生で、学校のテニスクラブにいます。父は今、米国にいますから、家には母と兄と姉とぼくの4人だけです。英語で手紙（てがみ）を書きたいです。どうぞよろしく。

D：　　私は専門（せんもん）学校の学生です。妹と二人ですんでいます。先週、友人とそのご主人があそびに来て、このしゃしんをとりました。この友人と私はテニスの友だちですが、ご主人は静かな人でテニスはしません。

|||||||||||||||||||||||||||||| **ふくしゅう** ||||||||||||||||||||||||||||||

Review L. 11−15

N： 油　酒　ご飯　薬　歌　国　海　道

　　家　お宅　店　寺　(学)校　(教)室　(本)屋

　　時計　英語　電(車)　荷(物)　病(気)

　　今　雲　雪　(一)度　(一)回

　　客　友　父　母　兄　弟　姉　妹

　　夫　妻　彼　主(人)　奥さん

A： 広い　痛い　青い　近い　遠い　速い　遅い

　　静かな

V： 作る　言う　泳ぐ　待つ　会う　売る　疲れる

　　開ける　閉める　回る　困る　持つ　晴れる

I. ただしい漢字をえらびなさい。

1. このうで（1.時計　2.持計）は新しいです。

2. 友だちの家で日本の（1.油　2.酒）を飲みました。

3. きのう国に（1.電語　2.電話）をかけました。

4. （1.病気　2.疲気）で、あたまが痛いです。

5. 子どもの（1.学校　2.字校）の先生に会いました。

6. 日本語の（1.新開　2.新聞）を読みます。

7. 石田さんはよく（1.休　2.体）むから、困ります。

8. このお寺はいつも（1.晴か　2.静か）です。

9. 十二月に（1.雪　2.雲）がふります。

10. （1.花室　2.花屋）で高い花を買いました。

11. （1.姉　2.妹）は私より2つ上です。

12. 何時に（1.夕飲　2.夕飯）を食べますか。

II. つぎの _____ に下の 〰〰〰〰〰 の動詞を適当な形で入れなさい。

〰〰〰〰〰〰〰〰〰〰〰〰〰〰〰〰〰〰〰〰〰〰〰

作ります　持ちます　待ちます　会います　売ります

困ります　疲れます　言います　閉めます　泳ぎます

〰〰〰〰〰〰〰〰〰〰〰〰〰〰〰〰〰〰〰〰〰〰〰

1. きのう本屋で先生に _____ ました。

2. 母はりょうりを _____ ています。

3. さむいから、まどを _____ ましょう。

4. 英語がよく分からないから、 _____ ます。

5. もう一度ゆっくり _____ てください。

6. 大きい荷物を _____ ていますね。

7. 一日中、海で _____ ましたから、とても _____ ました。

8. あの店で安い肉を _____ ています。

9. すみませんが、３０分ぐらい _____ てください。

［1課から15課までの漢字部首リスト］

<へん>

イ：何 休 体 作　　　氵：油 酒 海 泳

日：明 暗 晩 時 晴 曜　　食：飲 飯

女：好 姉 妹　　　扌：持

木：林 森 校　　　禾：私

彳：行 後 待 彼　　　牛：物

言：読 話 語 計　　　矢：短　　火：畑

<かんむり>　　　　　<あし>

艹：花 茶 薬 英 荷　　儿：先 見 売 兄

宀：字 安 家 宅 客 室　　力：男

𠆢：食 今 会　　　口：古

雨：電 雲 雪　　　貝：買

亠：文 高 夜 方 主　　女：妻

⺍：学　　　石：岩

<つくり>　　　　　<たれ>

斤：新 近　　　广：広 店 度

欠：飲 歌　　　疒：病 疲 痛

寺：時 持 待　　　尸：屋

攵：教　　　冂：円 肉

月：朝　　　門：門 間 聞 開 閉

　　　　　口：回 国 困

<にょう>

辶：週 近 遠 速 遅 道

第16課

形容詞の漢字 –2– (Kanji for Adjectives –2–)
<small>けいようし</small>

There are two types of adjectives in Japanese.　One type ends with –い (c.f. L8) and another type ends with –な when they modify nouns.

The –な ending adjectives can be divided into five groups as follows.

1. Hiragana ＋ な 　　　　　　　　　きれいな　にぎやかな

2. Katakana ＋ な 　　　　　　　　　スマートな　ハンサムな　リッチな
　　　　　　　　　　　　　　　　　　（smart）　（handsome）　（rich）

3. one Kanji＋Hiragana＋な 　　　　静かな　　好きな　　明らかな
　　　　　　　　　　　　　　　　　　しず　　　　す　　　　あき

4. two Kanji ＋ な 　　　　　　　　　元気な　　有名な　　親切な
　　　　　　　　　　　　　　　　　　げん き　　ゆうめい　　しんせつ

　　　　　　　　　　　　　　　　　　便利な　　不便な　　必要な
　　　　　　　　　　　　　　　　　　べん り　　ふ べん　　ひつよう

　　　　　　　　　　　　　　　　　　上手な　　下手な　　大切な
　　　　　　　　　　　　　　　　　　じょう ず　　へ た　　たいせつ

5. prefix ＋ two Kanji ＋ な 　　　　不親切な　　不必要な
　　　　　　　　　　　　　　　　　　ふ しんせつ　　ふ ひつよう

The Hiragana endings change as follows.

Present affirmative 　：静かです 　　　　　　　親切です
　　　　　　　　　　　　quiet 　　　　　　　　　kind

Present negative 　：静かではありません 　　親切ではありません
　　　　　　　　　　　　（じゃ） 　　　　　　　（じゃ）

Past affirmative 　：静かでした 　　　　　　　親切でした

Past negative 　：静かではありません 　　親切ではありません
　　　　　　　　　　　　（じゃ）　　でした 　　（じゃ）　　でした

Adjective ＋ Noun　　：静かな部屋　　　　親切な先生
　　　　　　　　　　　　 a quiet room　　　 a kind teacher

　　　　　　　　　　　　静かではない部屋　　親切ではない先生

　　　　　　　　　　　　静かだった部屋　　　親切だった先生

　　　　　　　　　　　　静かではなかった部屋　親切ではなかった先生

Adjective ＋ Verb　　：静かに話す　　　　親切に教える
　　　　　　　　　　　　 to speak quietly　 to teach kindly

Adjective ＋ Adjective：静かで明るい　　　親切でやさしい
　　　　　　　　　　　　 quiet and light　　 kind and gentle

☆ You can make －な adjectives by adding －な to the English adjectives
　 as follows.

　　ハンサム（handsome）な
　　スマート（smart）な
　　リッチ（rich）な
　　デラックス（deluxe）な

[れんしゅう]　Guess the meaning of the following adjectives.

　　ビューティフルな
　　ビッグな
　　カラフルな
　　ヘルシーな

ユニット 2 ──────── 第十六課のきほん漢字

2−1. 漢字の書き方（Kanji Writings）

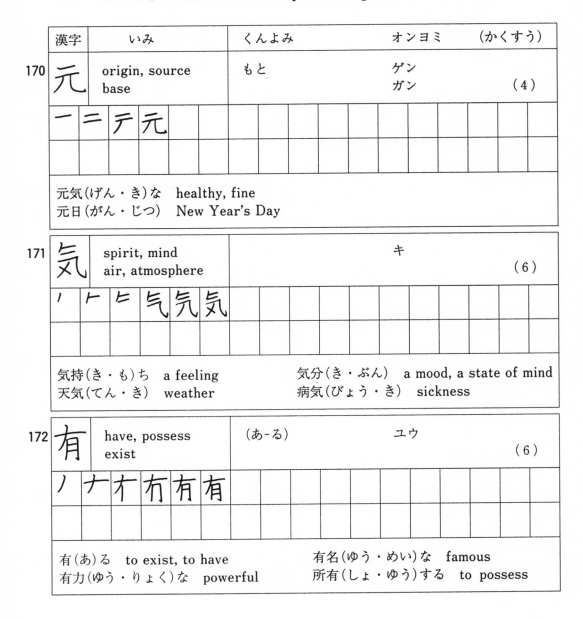

漢字	いみ	くんよみ	オンヨミ	（かくすう）
170 元	origin, source base	もと	ゲン ガン	（4）

一 二 テ 元

元気（げん・き）な　healthy, fine
元日（がん・じつ）　New Year's Day

171 気	spirit, mind air, atmosphere		キ	（6）

ノ 二 气 気 気 気

気持（き・も）ち　a feeling　　　気分（き・ぶん）　a mood, a state of mind
天気（てん・き）　weather　　　病気（びょう・き）　sickness

172 有	have, possess exist	（あ−る）	ユウ	（6）

ノ ナ 才 冇 有 有

有（あ）る　to exist, to have　　　有名（ゆう・めい）な　famous
有力（ゆう・りょく）な　powerful　　　所有（しょ・ゆう）する　to possess

	漢字	いみ	くんよみ	オンヨミ　　（かくすう）

173 名　name, famous members　な　メイ　ミョウ　、（6）

| ノ | ク | タ | 名 | 名 | 名 | | | | | | | |

名前（な・まえ）　a name　　　名古屋（な・ご・や）　Nagoya
名所（めい・しょ）　famous places　　名物（めい・ぶつ）　special products

174 親　parent kinship　おや　した-しい　シン　（16）

| 丶 | 一 | 立 | 立 | 立 | 辛 | 辛 | 辛 | 新 | 新 | 新 | 親 | 親 | 親 |

親（おや）　a parent　　　　　父親（ちち・おや）　father
親（した）しい　intimate, friendly　親切（しん・せつ）な　kind

175 切　cut, end moderate　き-る／きっ-　セツ　（4）

| 一 | 七 | 切 | 切 | | | | | | | | |

切（き）る　to cut　　　　切手（きっ・て）　a postage stamp
切符（きっ・ぷ）　a ticket　　大切（たい・せつ）な　important

176 便　current, traffic convenience　たよ-り　ベン　ビン　（9）

| ノ | イ | 仁 | 仁 | 佢 | 何 | 佰 | 便 | 便 | | | |

便（たよ）り　a letter, news　　便利（べん・り）な　convenient
航空便（こう・くう・びん）　air mail　便所（べん・じょ）　a toilet

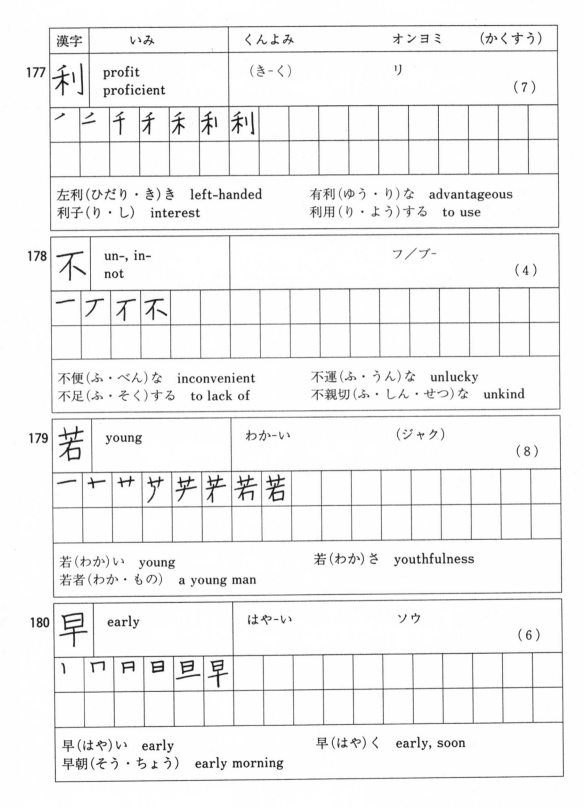

	漢字	いみ	くんよみ	オンヨミ	（かくすう）

177 利 profit / proficient　（き-く）　リ　（7）

ノ　ニ　千　禾　禾　利　利

左利（ひだり・き）き　left-handed　　有利（ゆう・り）な　advantageous
利子（り・し）　interest　　利用（り・よう）する　to use

178 不 un-, in- / not　　フ／ブ-　（4）

一　フ　不　不

不便（ふ・べん）な　inconvenient　　不運（ふ・うん）な　unlucky
不足（ふ・そく）する　to lack of　　不親切（ふ・しん・せつ）な　unkind

179 若 young　わか-い　（ジャク）　（8）

一　十　サ　ザ　芋　芋　若　若

若（わか）い　young　　若（わか）さ　youthfulness
若者（わか・もの）　a young man

180 早 early　はや-い　ソウ　（6）

一　口　日　日　旦　早

早（はや）い　early　　早（はや）く　early, soon
早朝（そう・ちょう）　early morning

漢字	いみ	くんよみ	オンヨミ	（かくすう）
181 忙	busy	いそが-しい	ボウ	（6）

，	⼂	忄	忙	忙	忙								

忙（いそが）しい　busy
多忙（た・ぼう）な　very busy

2-2. 読みれんしゅう（Reading Exercises）

I. Write the reading of the following Kanji in Hiragana.

　　1. 親　　　2. 名前　　3. 若い　　4. 早い　　5. 忙しい

　　6. 元気な男の子　　7. 親切な先生　　8. 有名なお寺

　　9. 便利な車　　　10. 不便な電車

II. Write the reading of the following Kanji in Hiragana.

　　1. この花の名前は何ですか。

　　2. 先週は病気で学校を休みましたが、今週は少し気分がいいです。

　　　来週は元気になるでしょう。

　　3. 午前中はお客が多いから、忙しいです。

　　4. 名古屋の有名なケーキの店へ行きました。店の人はとても親切でした。

5. この歌は若い人に人気があります。　　This song is popular among young people.

6. 朝早くおきて、静かなところへ行きました。　　I got up early in the morning and went to the quiet place.

7. このきれいな切手は弟の大切なものです。　　These pretty stamps are precious things for my younger brother.

8. 私の家は広いですが、大学から遠いから、少し不便です。

9. 彼の父親と母親は、まだ若くて元気です。

2－3. 書きれんしゅう (Writing Exercises)

Ⅰ. Fill in the blanks with an appropriate Kanji.

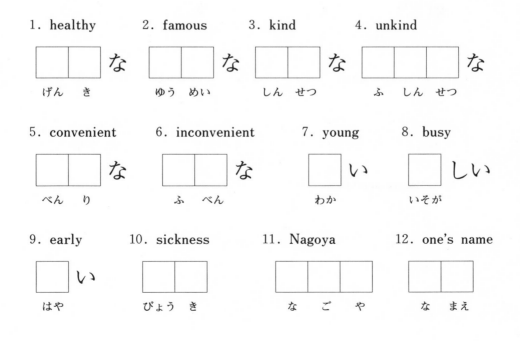

1. healthy

□□な
げん き

2. famous

□□な
ゆう めい

3. kind

□□な
しん せつ

4. unkind

□□□な
ふ しん せつ

5. convenient

□□な
べん り

6. inconvenient

□□な
ふ べん

7. young

□い
わか

8. busy

□しい
いそが

9. early

□い
はや

10. sickness

□□
びょう き

11. Nagoya

□□□
な ご や

12. one's name

□□
な まえ

— 153 —

II. Fill in the blanks with an appropriate Kanji.

1. uneasy
□□ な
ふ　あん

2. advantageous
□□ な
ゆう　り

3. disadvantageous
□□ な
ふ　り

4. to lack of
□□ する
ふ　そく

5. intimate
□ しい
した

6. a parent
□
おや

7. a feeling
□□ ち
き　も

8. powerful
□□ な
ゆうりょく

9. a postage stamp
□□
きっ　て

10. a ticket
□ 符
きっ　ぷ

11. important
□□ な
たい　せつ

12. to cut
□ る
き

13. air mail
航空 □
こう　くう　びん

14. sea mail
船 □
ふな　びん

15. mail
郵 □
ゆう　びん

16. quick delivery
宅急 □
たっ　きゅう　びん

17. a young woman
□ い □ の □
わか　　おんな　　ひと

18. early morning
□□
そう　ちょう

19. early time
□ い □□
はや　　じ　かん

20. famous products
□□
めい　ぶつ

ユニット 3 ――――――――――――――――――― 読み物

「しごとは、何ですか。」（What is his job?）

Various persons wrote about their own jobs. Read the following passages and guess what each job is.　Choose from below.

```
1. 先生　　2. いしゃ　　3. 花屋　　4. 魚屋　　5. 本屋　　6. 酒屋
7. 歌手　　8. うんてん手　　9. ウェイトレス　　10. ガイド
```

A：　私の店には昼ご飯と晩ご飯の時間にたくさんお客が来て、とても忙しいです。りょうりがおいしくて、有名な店です。いつもたっていますから、とても疲れます。

B：　私はおんがくが好きで、歌が上手です。たくさんの人の前で歌います。古い歌も新しい歌もよく歌います。

C：　私のところには病気の人が来ます。遠くからもたくさん来ます。私はその人たちを見て、薬をあげます。

D：　私のところにはよく学生が来ます。学校の近くですから、夕方、学生がたくさん買いに来ます。でも、ときどき買わないで読んでいますから、困ります。

E：　私の店には若い女の人がたくさん買いに来ます。そして、友だちのたんじょう日やパーティーのプレゼントを買って、持って行きます。とてもきれいですから、私も大好きです。

F：　私は子どもたちに教えています。朝8時から午後3時ごろまで学校ではたらきます。そして、家に帰って夜遅くまで本を読みます。

G：　私は朝早くから夜遅くまでタクシーにのっています。朝は元気ですから、しごとが好きですが、夜は疲れていますから、あまり好きではありません。夜のお客はたいていお酒を飲んでいますから、たいへんです。

　　＊Adverbs of frequency：いつも　always　　　よく　often
　　　　　　　　　　　　　　　ときどき　sometimes　　たいてい　in most cases

知っていますか　できますか

＜病 院 で (In a Hospital)＞

1 F

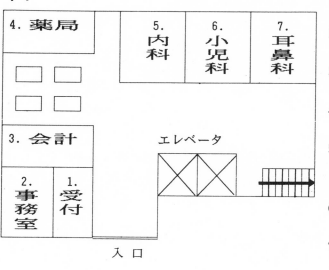

2 F

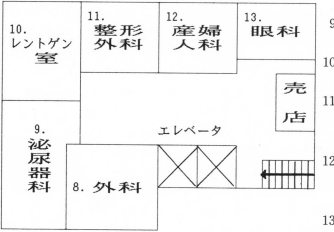

1. 受付（うけつけ）
a reception
2. 事務室（じむしつ）
an office
3. 会計（かいけい）
an accountant
4. 薬局（やっきょく）
a pharmacy
5. 内科（ないか）
an internal medicine department
6. 小児科（しょうにか）
a pediatrics
7. 耳鼻科（じびか）
an ear and nose department

8. 外科（げか）
a surgical department
9. 泌尿器科（ひにょうきか）
a nephrology department
10. レントゲン室
a X-ray room
11. 整形外科（せいけいげか）
an orthopedics department
12. 産婦人科（さんふじんか）
an obstetrics & gynecology department
13. 眼科（がんか）
an ophthalmology department

薬

内服薬

(内科) ・ 小児科

<u>山田道子</u>殿

用法

1日 3回　　乙日分

食前・(食後)・ 食間
＿＿＿時間おき

1回 /包　服用
　　乙錠

筑波大学病院

内服薬（ないふくやく）
　　medicine for internal use

〜 殿（どの）
　　Mr. ／ Mrs. ／ Miss 〜
用法（ようほう）
　　directions
〜 日分（にちぶん）
　　for 〜 day(s)
〜 時間おき
　　every 〜 hour(s)
〜 包（つつみ）服用（ふくよう）
　　〜 packet(s) to be taken

〜 錠（じょう）
　　〜 tablet(s), 〜 capsule(s)

第17課

動詞の漢字 –2– 移動をあらわす漢字
（ Kanji carrying the meaning of "Movement" ）

Below are listed many types of verbs which we will study. They carry
the meaning of "movement."   These verbs express a moving action with direc-
tion.

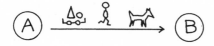

Memorize each of them with the particle.

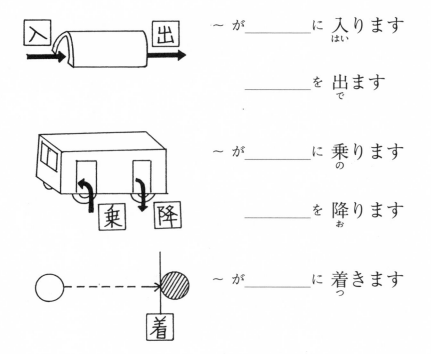

〜 が＿＿＿＿に 入ります
（はい）

＿＿＿＿を 出ます
（で）

〜 が＿＿＿＿に 乗ります
（の）

＿＿＿＿を 降ります
（お）

〜 が＿＿＿＿に 着きます
（つ）

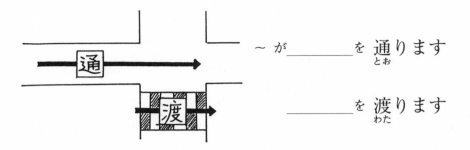

〜 が＿＿＿＿＿を 通ります
_{とお}

　　　　＿＿＿＿＿を 渡ります
_{わた}

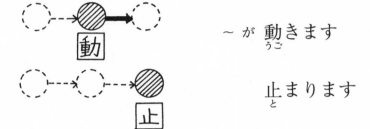

〜 が 動きます
_{うご}

　　　止まります
_と

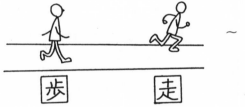

〜 が＿＿＿＿＿を 歩きます
_{ある}

　　　　＿＿＿＿＿を 走ります
_{はし}

ユニット 2 ————————第十七課のきほん漢字

2−1．漢字の書き方（Kanji Writings）

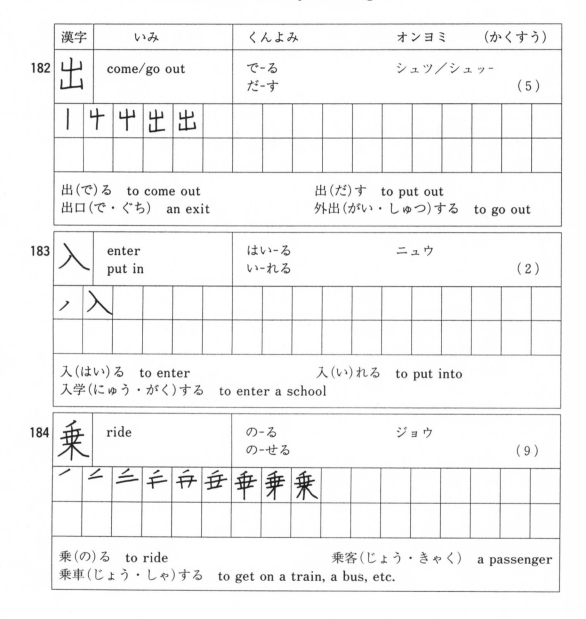

漢字	いみ	くんよみ	オンヨミ （かくすう）

182 出 come/go out ｜ で-る　だ-す ｜ シュツ／シュッ- （5）

筆順： 丨 屮 屮 出 出

出(で)る　to come out　　　　　出(だ)す　to put out
出口(で・ぐち)　an exit　　　　外出(がい・しゅつ)する　to go out

183 入 enter　put in ｜ はい-る　い-れる ｜ ニュウ （2）

筆順： ノ 入

入(はい)る　to enter　　　　　入(い)れる　to put into
入学(にゅう・がく)する　to enter a school

184 乗 ride ｜ の-る　の-せる ｜ ジョウ （9）

筆順： ノ ニ 千 千 乒 乒 乗 乗

乗(の)る　to ride　　　　　乗客(じょう・きゃく)　a passenger
乗車(じょう・しゃ)する　to get on a train, a bus, etc.

— 160 —

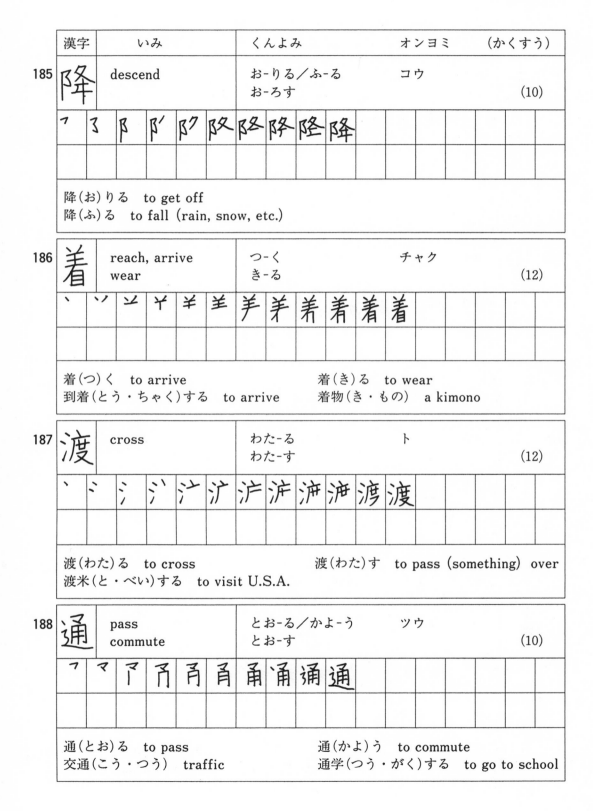

漢字	いみ	くんよみ	オンヨミ	（かくすう）

185 降　descend　　お-りる／ふ-る　　コウ　　（10）

㇆　㇋　阝　阝'　阝ク　阝ㄨ　阝ㄨ　降　降　降

降（お）りる　to get off
降（ふ）る　to fall（rain, snow, etc.）

186 着　reach, arrive　つ-く　　チャク
　　　　wear　　き-る　　　　　（12）

丶　丷　丷　丷　羊　羊　羊　羊　着　着　着

着（つ）く　to arrive　　　着（き）る　to wear
到着（とう・ちゃく）する　to arrive　　着物（き・もの）　a kimono

187 渡　cross　　わた-る　　ト
　　　　　　わた-す　　　　（12）

丶　丶丶　氵　氵　沪　沪　沪　沪　沪　渡　渡

渡（わた）る　to cross　　　　渡（わた）す　to pass（something）over
渡米（と・べい）する　to visit U.S.A.

188 通　pass　　とお-る／かよ-う　　ツウ
　　　　commute　とお-す　　　　　（10）

㇇　マ　マ　マ　甬　甬　甬　甬　通　通

通（とお）る　to pass　　　通（かよ）う　to commute
交通（こう・つう）　traffic　　通学（つう・がく）する　to go to school

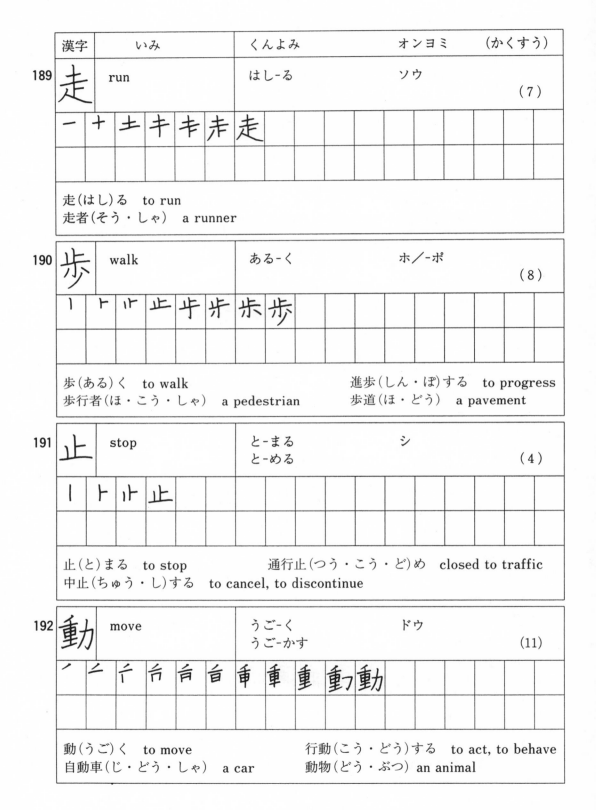

漢字	いみ	くんよみ	オンヨミ	（かくすう）

189 走　run　　はし-る　　　ソウ　　（7）

一　十　土　キ　キ　走　走

走（はし）る　to run
走者（そう・しゃ）　a runner

190 歩　walk　　ある-く　　　ホ／-ポ　　（8）

１　卜　ト卜　止　牛　牛　歩　歩

歩（ある）く　to walk　　　　進歩（しん・ぽ）する　to progress
歩行者（ほ・こう・しゃ）　a pedestrian　　歩道（ほ・どう）　a pavement

191 止　stop　　と-まる　　　シ
　　　　　　　と-める　　　　（4）

１　ト　止　止

止（と）まる　to stop　　　通行止（つう・こう・ど）め　closed to traffic
中止（ちゅう・し）する　to cancel, to discontinue

192 動　move　　うご-く　　　ドウ
　　　　　　　うご-かす　　　（11）

ノ　二　彳　台　台　台　甫　車　重　動　動

動（うご）く　to move　　　行動（こう・どう）する　to act, to behave
自動車（じ・どう・しゃ）　a car　　動物（どう・ぶつ）an animal

漢字	いみ	くんよみ	オンヨミ	（かくすう）
193 働	work	はたら-く	ドゥ	(13)

ノ	イ	イ′	仁	仁	伝	佰	佰	伸	伸	偅	偅	働			

働（はたら）く　to work　　　　労働（ろう・どう）　labor
労働者（ろう・どう・しゃ）　a laborer

2-2. 読みれんしゅう（Reading Exercises）

Ⅰ. Write the reading of the following Kanji in Hiragana.

　　1. 入口から入ります。　　2. 出口から出ます。　　3. 車に乗ります。

　　4. 電車を降ります。　　5. １１時に家に着きました。

　　6. 通りを渡ります。　　7. 歩道を歩きます。　　8. 走ります。

　　9. 電気が止まりました。　　10. コンピュータが動きません。

　　11. 店で働いています。　　12. 大学に入学します。

Ⅱ. Write the reading of the following Kanji in Hiragana.

　　1. 朝から雨が降っています。　　2. 手を上げて、タクシーを止めました。

　　3. 青い着物を着ています。　　4. 乗車券をここに入れてください。
　　　　　　　　　　　　　　　　　　　けん
　　　　　　　　　　　　　　　　　a ticket

　　5. このバスは大学の前を通りますか。

— 163 —

6. この車は時速１５０キロで走ります。

7. かばんを開けて、中から英語の本を出しました。

8. 遠足は雨で中止になりました。　The picnic was cancelled because of the rain.

9. 日曜日にタクシーに乗って、森田さんのお宅へ行きました。

　　近くの花屋の前で降りて、花を買って、それから歩きました。

10. 彼は動物が大好きですから、動物園で働いています。
　　　　　　　　　　　　　　　　　　　　　　えん
　　　　　　　　　　　　　　　　　　　　　a zoo

２－３. 書きれんしゅう（Writing Exercises）

Ⅰ. Fill in the blanks with an appropriate Kanji.

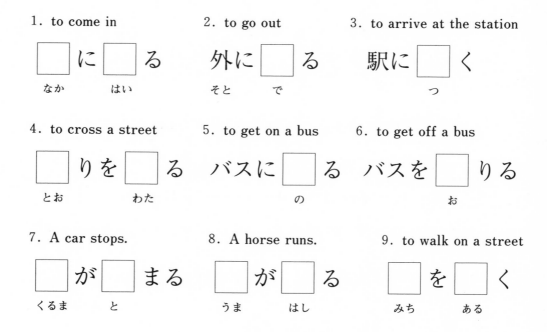

1. to come in
　□ に □ る
　なか　　はい

2. to go out
　外 に □ る
　そと　　　で

3. to arrive at the station
　駅 に □ く
　　　　　つ

4. to cross a street
　□ り を □ る
　とお　　　わた

5. to get on a bus
　バス に □ る
　　　　　　の

6. to get off a bus
　バス を □ りる
　　　　　　お

7. A car stops.
　□ が □ まる
　くるま　　と

8. A horse runs.
　□ が □ る
　うま　　はし

9. to walk on a street
　□ を □ く
　みち　　ある

— 164 —

10. a man＋to move＝to work

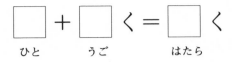

□ ＋ □く ＝ □く
ひと 　うご 　　 はたら

Ⅱ. Fill in the blanks with an appropriate Kanji.

1. to pass in front of a book store

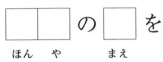

□□の□を□ります
ほん や 　まえ 　とお

2. an animal

□□
どう ぶつ

3. to discontinue

□□する
ちゅう し

4. to wear a swimsuit

□□を□る
みず ぎ 　き

5. It rains.

□が□る
あめ 　ふ

6. to attend a school

□□に□います＝
がっ こう 　かよ

□□する
つう がく

7. to enter a school

□□する
にゅう がく

8. to attend

□席する
しゅっ せき

9. an exit

□□
で ぐち

10. an entrance

□□
いり ぐち

11. a pavement

□□
ほ どう

12. a passenger

□□
じょうきゃく

13. a train ticket

□□券
じょう しゃ けん

14. traffic

交□
こう つう

― 165 ―

ユニット 3 ———————————————————— 読み物

＜私の大学＞

　私の大学は国立大学です。大きくて新しい大学です。学生も先生も多いです。東京から少し遠いですが、大学の中は広くてとても静かです。

　東京駅の南口から高速バスが出ます。このバスはとちゅうで止まりませんから、たいへん速いです。一時間半ぐらいでターミナルに着きます。ターミナルで高速バスを降りて、大学行きのバスに乗ります。十五分ぐらいで大学に着きます。私の研究室は、バス停から歩いて四分ぐらいです。

```
＊国立（こくりつ）  national        東京（とうきょう）Tokyo
 駅（えき）  a station             南口（みなみぐち）   south gate
 高速バス   the highway bus         とちゅうで   on the way
 ターミナル   the terminal
 研究室（けんきゅうしつ）   a seminary room
 バス停（てい）   a bus stop
```

[しつもん]　つぎの中から、ただしいものをえらびなさい。

　　　　　　Choose the correct one from the followings.

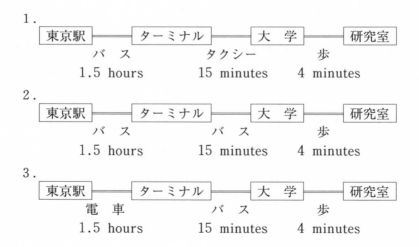

███████ 知っていますか ███████ できますか ███████

＜道路標識　（Road signs)＞

どう ろ ひょうしき

1. 横断歩道 （おうだん／ほどう）　　　a pedestrian crossing
2. 歩行者横断禁止 （ほこうしゃ／おうだん／きんし）

　　　　　　　　　　　　　　　　　No crossing for pedestrians

3. 自転車通行止め （じてんしゃ／つうこう／ど）め

　　　　　　　　　　　　　　　　　No passage for bicycles

4. 右折禁止 （うせつ／きんし）　　　No right turn
5. 左折禁止 （させつ／きんし）　　　No left turn
6. 一時停止 （いちじ／ていし）　　　Stop
7. 徐行 （じょこう）　　　　　　　　Go slow
8. 一方通行 （いっぽう／つうこう）　One way only
9. 進入禁止 （しんにゅう／きんし）　No entry
10. 駐車禁止 （ちゅうしゃ／きんし）　No parking

[もんだい]　つぎの標識（ひょうしき，signs）の意味は、何ですか。上の 1.〜 10.
　　　　　の中からえらびなさい。

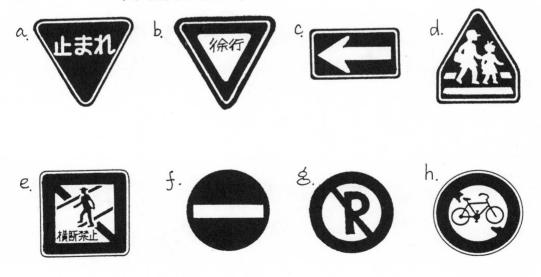

☆ いろいろな標識をさがしてみましょう。

第18課

位置をあらわす漢字
（Kanji carrying the meaning of "Position"）

Remember the following Kanji carrying the meaning of "Position."

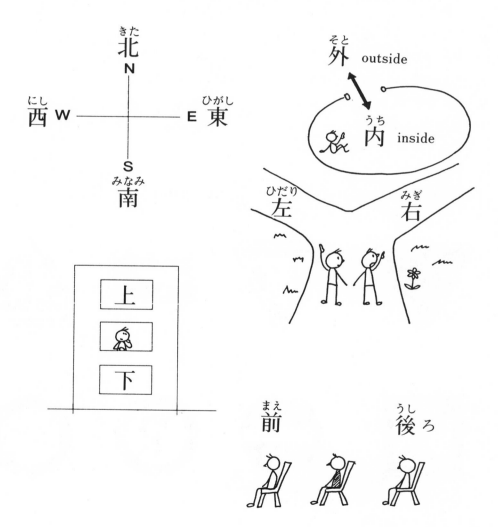

ユニット 2 ―――――――――― 第十八課のきほん漢字

2-1. 漢字の書き方（Kanji Writings）

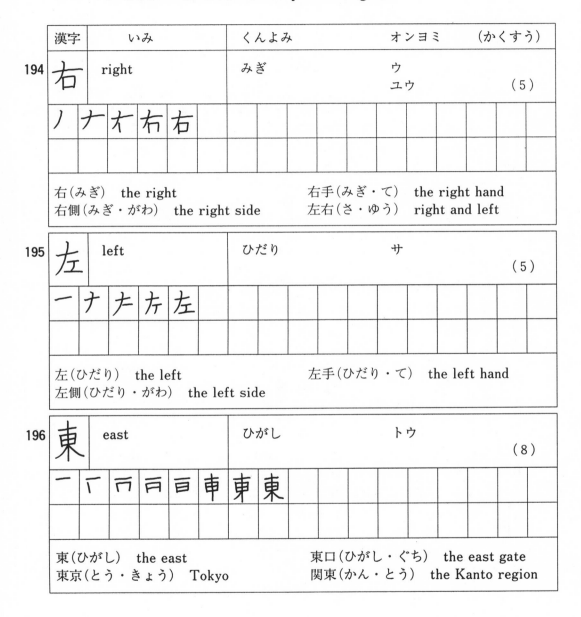

漢字	いみ	くんよみ	オンヨミ	（かくすう）
194 右	right	みぎ	ウ ユウ	（5）

ノ ナ 大 右 右

右（みぎ）　the right 　　　　右手（みぎ・て）　the right hand
右側（みぎ・がわ）　the right side 　　左右（さ・ゆう）　right and left

| 195 左 | left | ひだり | サ | （5） |

一 ナ ナ 左 左

左（ひだり）　the left 　　　　左手（ひだり・て）　the left hand
左側（ひだり・がわ）　the left side

| 196 東 | east | ひがし | トウ | （8） |

一 厂 冂 戸 亘 申 東 東

東（ひがし）　the east 　　　　東口（ひがし・ぐち）　the east gate
東京（とう・きょう）　Tokyo 　　関東（かん・とう）　the Kanto region

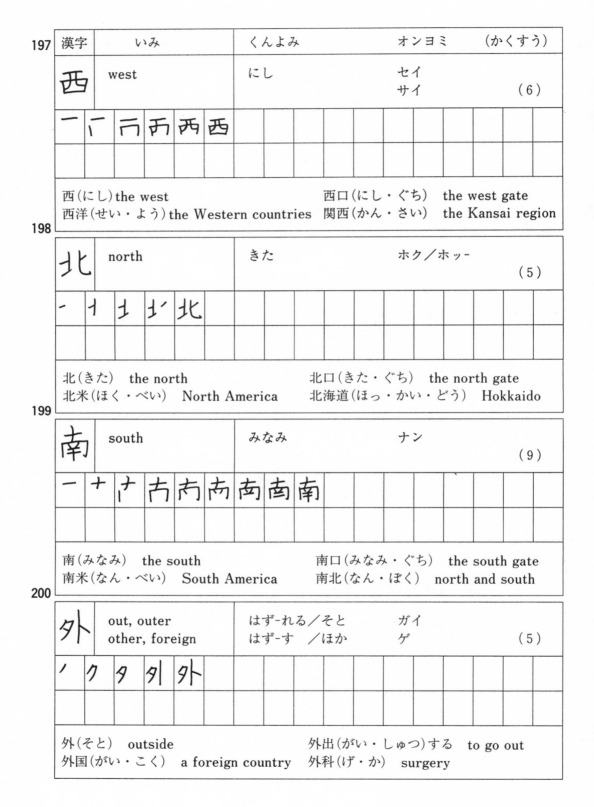

197

漢字	いみ	くんよみ	オンヨミ （かくすう）
西	west	にし	セイ サイ （6）

一 「 一 西 西 西

西（にし）the west　　　　　　　西口（にし・ぐち）　the west gate
西洋（せい・よう）the Western countries　関西（かん・さい）　the Kansai region

198

北	north	きた	ホク／ホッ－ （5）

一 十 土 北 北

北（きた）　the north　　　　　　北口（きた・ぐち）　the north gate
北米（ほく・べい）　North America　北海道（ほっ・かい・どう）　Hokkaido

199

南	south	みなみ	ナン （9）

一 十 十 古 市 市 南 南 南

南（みなみ）　the south　　　　　　南口（みなみ・ぐち）　the south gate
南米（なん・べい）　South America　南北（なん・ぼく）　north and south

200

外	out, outer other, foreign	はず-れる／そと はず-す　／ほか	ガイ ゲ （5）

ノ ク タ タ 外

外（そと）　outside　　　　　　　　外出（がい・しゅつ）する　to go out
外国（がい・こく）　a foreign country　外科（げ・か）　surgery

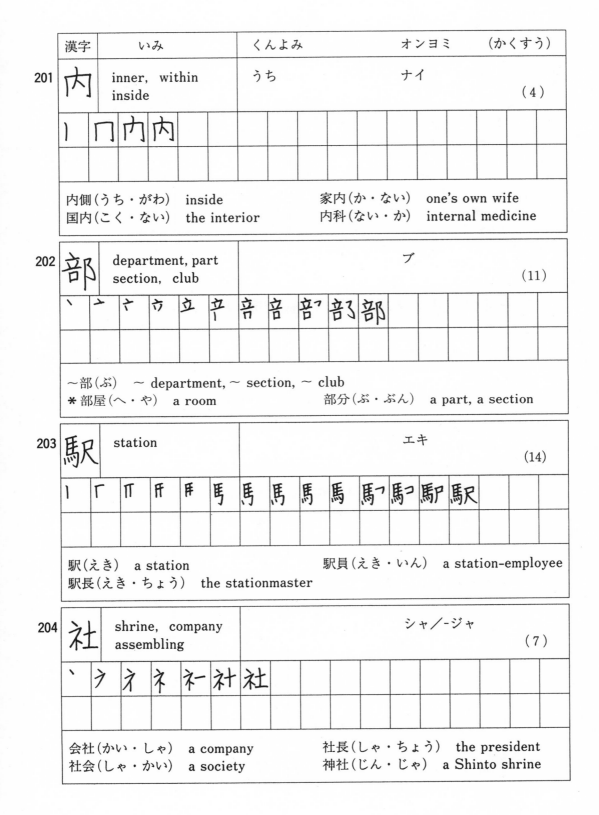

漢字	いみ	くんよみ	オンヨミ	（かくすう）

201 内　inner, within inside　うち　ナイ　（4）

丿	冂	内	内								

内側（うち・がわ）　inside　　　　家内（か・ない）　one's own wife
国内（こく・ない）　the interior　　内科（ない・か）　internal medicine

202 部　department, part section, club　ブ　（11）

丶	亠	士	立	立	立	咅	咅	咅ß	部	部	

～部（ぶ）　～ department, ～ section, ～ club
＊部屋（へ・や）　a room　　　　部分（ぶ・ぶん）　a part, a section

203 駅　station　エキ　（14）

丨	厂	厂	厈	馬	馬	馬	馬	馬	馬ㄱ	馬ㄱ	駅	駅

駅（えき）　a station　　　　駅員（えき・いん）　a station-employee
駅長（えき・ちょう）　the stationmaster

204 社　shrine, company assembling　シャ／-ジャ　（7）

丶	ラ	ネ	ネ	ネ-	礻	社					

会社（かい・しゃ）　a company　　社長（しゃ・ちょう）　the president
社会（しゃ・かい）　a society　　　神社（じん・じゃ）　a Shinto shrine

漢字	いみ	くんよみ	オンヨミ	（かくすう）
205 院	hall, house institute		イン	（10）

ㄱ　了　阝　阝`　阝´　阝宀　阼　阼　阼　院

病院（びょう・いん）　a hospital　　　　大学院（だい・がく・いん）
入院（にゅう・いん）する　to be in a hospital　　　　a graduate school

2－2. 読みれんしゅう（Reading Exercises）

I．Write the reading of the following Kanji in Hiragana.

　　1．右手　　2．左足　　3．東南　　4．東北

　　5．外国 ＝ 海外　　6．国内　　7．駅　　8．部屋

　　9．病院　　10．会社　　11．部分　　12．北海道

II．Write the reading of the following Kanji in Hiragana.

　　1．左の目が痛いから病院へ行きます。

　　2．駅の前に新しいアパートがあります。

　　3．南米や中米から多くの留学生が来ました。
　　　　　　　　　　　　　　　　りゅう

　　4．左右をよく見て道を渡りましょう。

　　5．店内にはいろいろな外国の物があります。

6. 会社は病院の右にあります。

7. ふゆは学校の室内プールで泳ぎます。　In winter we swim in our school's indoor pool.

8. 大学院で社会学をべんきょうしています。　I am studying sociology in the graduate school.

2－3.　書きれんしゅう（Writing Exercises）

Ⅰ.　Fill in the blanks with an appropriate Kanji.

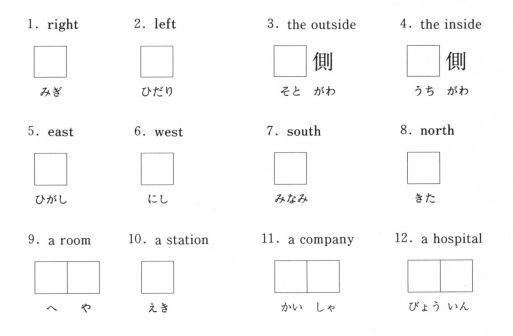

1. right
〔　　〕
みぎ

2. left
〔　　〕
ひだり

3. the outside
〔　　〕側
そと　がわ

4. the inside
〔　　〕側
うち　がわ

5. east
〔　　〕
ひがし

6. west
〔　　〕
にし

7. south
〔　　〕
みなみ

8. north
〔　　〕
きた

9. a room
〔　　｜　　〕
へ　　や

10. a station
〔　　〕
えき

11. a company
〔　　｜　　〕
かい　しゃ

12. a hospital
〔　　｜　　〕
びょう　いん

Ⅱ.　Fill in the blanks with an appropriate Kanji.

1. the left hand
〔　　｜　　〕
ひだり　て

2. the right leg

みぎ　あし

3. right and left

さ　ゆう

4. north and south, east and west

☐☐☐☐
とう ざい なん ぼく

5. Southeast Asia

☐☐アジア
とう なん

6. the northeast

☐☐
とう ほく

7. North America

☐☐
ほく べい

8. Central America

☐☐
ちゅう べい

9. South America

☐☐
なん べい

10. the Kansai and the Kanto region.

関☐と関☐
かん さい　かん とう

11. the Occident and the Orient

☐洋と☐洋
せい よう　とう よう

12. Hokkaido

☐☐☐
ほっ かい どう

13. domestic

☐☐の
こく ない

14. foreign

☐☐の
がい こく

15. overseas

☐☐
かい がい

16. a part

☐☐
ぶ ぶん

17. the department of literature

☐☐☐
ぶん がく ぶ

18. a tennis club

テニス☐
ぶ

19. a newspaper company

☐☐☐
しん ぶん しゃ

20. the president of a company

☐☐
しゃ ちょう

21. a graduate school

☐☐☐
だい がく いん

22. to be hospitalized

☐☐する
にゅう いん

ユニット 3 ──────────────────────────── 読み物

◇つぎの文を読んで、右下のチャートの ☐ の中に漢字を入れてください。

チャートのまん中に「内」、その下に「部」という漢字がありますね。「内」の上に「くに」、「くに」の右に「にほんご」の「ご」という漢字を書いてください。「ご」の右には「うみ」、「うみ」の下には「みち」と書きます。「みち」の下には漢字で上から下へ「なまえ」と書いてください。「内」と「みち」の間に「みず」、その下に「わかる」、「わかる」の下に「えき」という漢字を書きます。「えき」の左は「ながい」という字です。

		内		
		部		

チャートのいちばん上の行に左から右へ「びょういん」と書いてください。そして、いちばん下の行にも、左から右へ「かいしゃ」と書きます。「かい」の上には「おしえる」、その右に「はいる」、その上に「いえ」があります。「いえ」と「びょういん」の「いん」の間には、かたかなの「た」を左に「と」を右に書いてください。一つの漢字になります。「いえ」の左に「くち」、その上に「ひと」と書きます。それから、「くに」の上に「でる」、そのとなりに「にし」、おわりに「きた」と書いてください。

さて、全部できましたか。こたえは、178ページにありますから、見てください。

    *～という漢字（かんじ）　the Kanji, that is ～
     行（ぎょう）　a line   さて、　Now, Then
     全部（ぜんぶ）　all   ページ　a page

［もんだい］　できたチャートの中に漢字2字、または、3字のことばがいくつありますか。上から下、または、左から右に読みます。
　　　　　　Ex. 病院

知っていますか　　できますか

＜部屋さがし　（Looking for a room）＞

西田さんと北川さんの2人は部屋をさがしています。下の情報雑誌（じょうほうざっし　a magazine for information）を見て、2人にいい部屋をさがしてください。

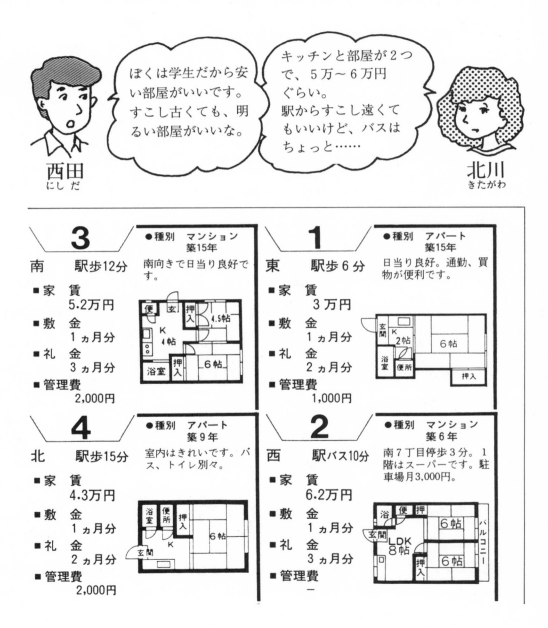

ぼくは学生だから安い部屋がいいです。すこし古くても、明るい部屋がいいな。

西田
にしだ

キッチンと部屋が2つで、5万〜6万円ぐらい。駅からすこし遠くてもいいけど、バスはちょっと……

北川
きたがわ

3
南　　駅歩12分
- 家　賃　5.2万円
- 敷　金　1ヵ月分
- 礼　金　3ヵ月分
- 管理費　2,000円

●種別　マンション　築15年
南向きで日当り良好です。

便・玄
K 4帖／押入／4.5帖
浴室／押入／6帖

1
東　　駅歩6分
- 家　賃　3万円
- 敷　金　1ヵ月分
- 礼　金　2ヵ月分
- 管理費　1,000円

●種別　アパート　築15年
日当り良好。通勤、買物が便利です。

玄関／K 2帖／6帖
浴室／便所／押入

4
北　　駅歩15分
- 家　賃　4.3万円
- 敷　金　1ヵ月分
- 礼　金　2ヵ月分
- 管理費　2,000円

●種別　アパート　築9年
室内はきれいです。バス、トイレ別々。

浴室／便所／押入
玄関／K／6帖

2
西　　駅バス10分
- 家　賃　6.2万円
- 敷　金　1ヵ月分
- 礼　金　3ヵ月分
- 管理費　－

●種別　マンション　築6年
南7丁目停歩3分。1階はスーパーです。駐車場月3,000円。

浴／便／押
玄関／LDK 8帖／6帖／バルコニー／押入／6帖

役に立つ言葉（Useful words）

マンション　［<mansion>］　a ferroconcrete apartment house of
a better class.

アパート　　　an apartment house

歩１２分 ＝ 歩いて１２分　　12 minutes on foot.

家賃（やちん）　　　rent

敷金（しききん）　　deposit

礼金（れいきん）　　gift money

管理費（かんりひ）　　administration fee

日当（ひあた）り 良好（りょうこう）　　sunny

〜 帖（じょう）　　tatami mat

玄関（げんかん）　　the front door

浴室（よくしつ）　　a bath room

便所（べんじょ）　　a lavatory

押入（おしいれ）　　a closet

K ＝ 台所（だいどころ）　　a kitchen

LDK　　a living dinning kitchen

☆　Describe where you live using the words above.

＜読み物のこたえ＞

病	院	出	西	北
人	外	国	語	海
口	家	内	水	道
教	入	部	分	名
会	社	長	駅	前

＜もんだいのこたえ＞

いちばん上の行（左→右）　1．病院　　2．西北

2行目　　　　　　　　　　3．外国　　4．国語　　5．外国語

3行目　　　　　　　　　　6．家内　　7．水道

4行目　　　　　　　　　　8．入部　　9．部分

5行目　　　　　　　　　　10．会社　　11．社長　　12．駅前

いちばん右の行（上→下）　13．北海道　14．名前

2行目　　　　　　　　　　15．水分

3行目　　　　　　　　　　16．出国　17．国内　18．内部　19．部長

4行目　　　　　　　　　　20．入社

5行目　　　　　　　　　　21．病人　22．人口　23．教会

全部で、２３あります。いくつ分かりましたか。

第19課

ユニット 1 ──────────────── 漢字の話

接辞の漢字 （ Kanji Affix ）

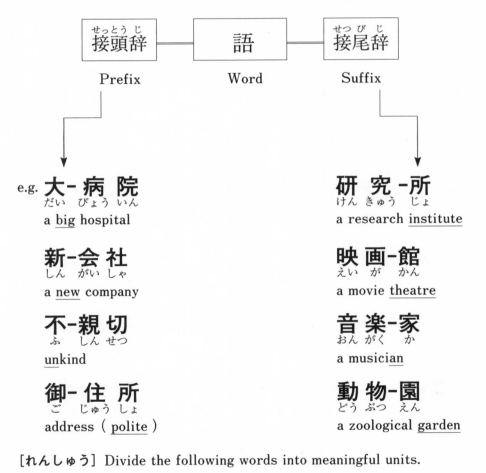

接頭辞 ── 語 ── 接尾辞
Prefix　　　　Word　　　　Suffix

e.g. 大-病院
だい びょう いん
a big hospital

新-会社
しん がい しゃ
a new company

不-親切
ふ しん せつ
unkind

御-住所
ご じゅうしょ
address (polite)

研究-所
けん きゅう じょ
a research institute

映画-館
えい が かん
a movie theatre

音楽-家
おん がく か
a musician

動物-園
どう ぶつ えん
a zoological garden

[れんしゅう] Divide the following words into meaningful units.

e.g.　動物園 ＝ 動物 ＋ 園　　a zoological garden
animal garden

1. 図書館 ＝　　　　　　　　4. 古本屋 ＝

2. 新聞社 ＝　　　　　　　　5. 古新聞 ＝

3. 不人気 ＝　　　　　　　　6. 中国語 ＝

場所をあらわす漢字
（Kanji for Places）

一所 （ショ/ジョ）： 研究所（けんきゅうじょ）　a research institute
　　　　　　　　　 停留所（ていりゅうじょ）　a stop
　　　　　　　　　 案内所（あんないしょ）　an information bureau
　　　　　　　　　 事務所（じむしょ）　an office

一場 （ジョウ/ば）： 運動場（うんどうじょう）　a playground
　　　　　　　　　 野球場（やきゅうじょう）　a baseball ground
　　　　　　　　　 駐車場（ちゅうしゃじょう）　a parking lot
　　　　　　　　　 仕事場（しごとば）　one's place of work
　　　　　　　　　 売り場（うりば）　a shop-counter

一館 （カン）： 図書館（としょかん）　a library
　　　　　　　 体育館（たいいくかん）　a gymnasium
　　　　　　　 映画館（えいがかん）　a movie theatre
　　　　　　　 大使館（たいしかん）　an embassy
　　　　　　　 博物館（はくぶつかん）　a museum

一室 （シツ）： 図書室（としょしつ）　a library
　　　　　　　 事務室（じむしつ）　an office
　　　　　　　 研究室（けんきゅうしつ）　a seminary room
　　　　　　　 実験室（じっけんしつ）　a laboratory

一地 （チ）： 行楽地（こうらくち）　a holiday resort
　　　　　　 住宅地（じゅうたくち）　a residential section
　　　　　　 観光地（かんこうち）　a tourist resort
　　　　　　 植民地（しょくみんち）　a colony

一園 （エン）： 動物園（どうぶつえん）　a zoological garden
　　　　　　　 植物園（しょくぶつえん）　a botanical garden

一社 （シャ）： 新聞社（しんぶんしゃ）　a newspaper company
　　　　　　　 旅行社（りょこうしゃ）　a travel agency

ユニット 2 ——————— 第十九課のきほん漢字

2-1. 漢字の書き方（Kanji Writings）

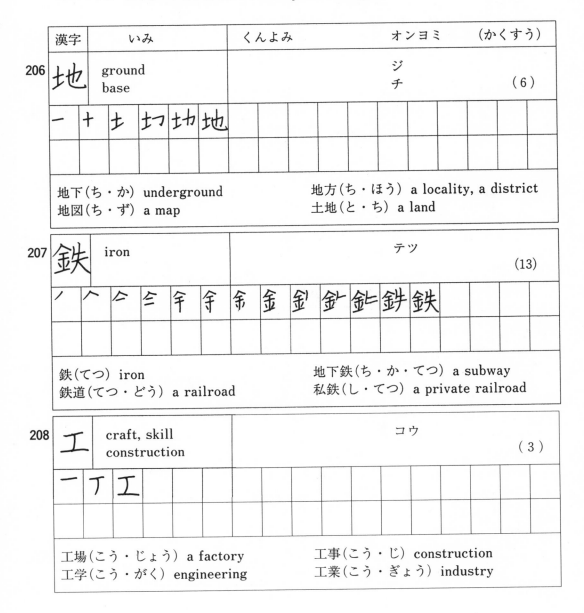

漢字	いみ	くんよみ	オンヨミ	（かくすう）

206 地　ground / base　　ジ・チ　（6）

一 十 土 圵 坤 地

地下（ち・か）underground 　 地方（ち・ほう）a locality, a district
地図（ち・ず）a map 　 土地（と・ち）a land

207 鉄　iron　　テツ　（13）

ノ 人 仐 仝 牟 全 釒 金 釘 釛 鈩 鉄 鉄

鉄（てつ）iron 　 地下鉄（ち・か・てつ）a subway
鉄道（てつ・どう）a railroad 　 私鉄（し・てつ）a private railroad

208 工　craft, skill / construction　　コウ　（3）

一 丁 工

工場（こう・じょう）a factory 　 工事（こう・じ）construction
工学（こう・がく）engineering 　 工業（こう・ぎょう）industry

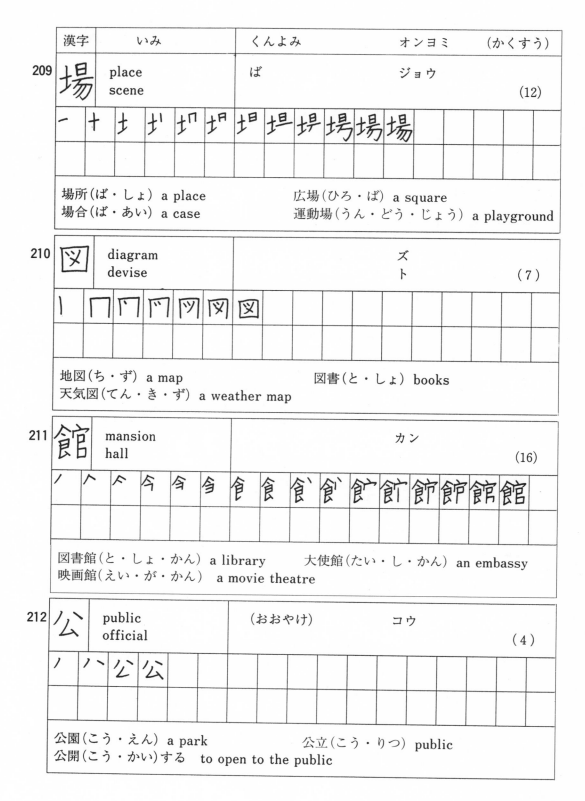

	漢字	いみ	くんよみ	オンヨミ	（かくすう）

209 場　place / scene　ば　ジョウ　（12）

一　十　土　圹　圹　坍　坍　坦　埸　場　場　場

場所（ば・しょ）a place　　　広場（ひろ・ば）a square
場合（ば・あい）a case　　　運動場（うん・どう・じょう）a playground

210 図　diagram / devise　　ズ　ト　（7）

｜　冂　冂　冈　冈　図　図

地図（ち・ず）a map　　　　　図書（と・しょ）books
天気図（てん・き・ず）a weather map

211 館　mansion / hall　　カン　（16）

ノ　ヘ　ヒ　今　今　今　食　食　食　食　飣　飣　飣　飣　館　館

図書館（と・しょ・かん）a library　　大使館（たい・し・かん）an embassy
映画館（えい・が・かん）a movie theatre

212 公　public / official　（おおやけ）　コウ　（4）

ノ　ハ　公　公

公園（こう・えん）a park　　　公立（こう・りつ）public
公開（こう・かい）する　to open to the public

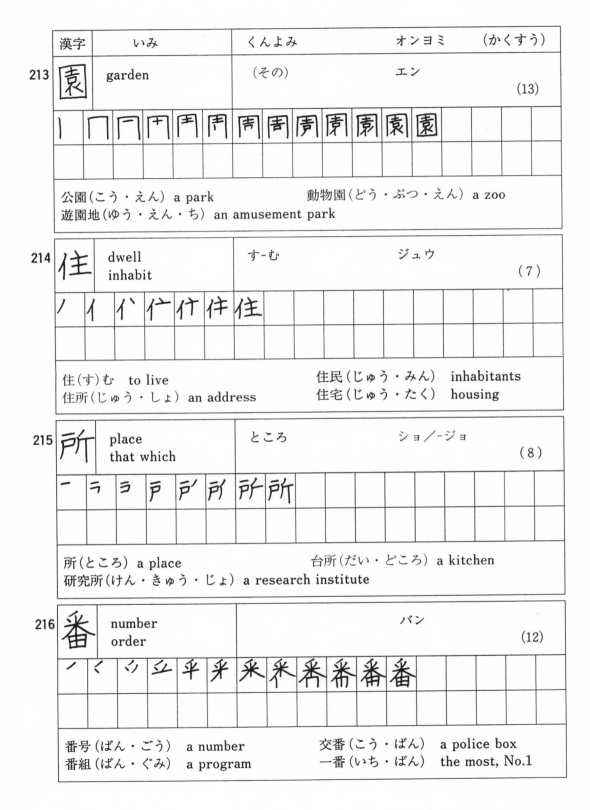

漢字	いみ	くんよみ	オンヨミ	（かくすう）

213 園　garden　（その）　エン　（13）

一　冂　冂　十　甫　甫　甫　甫　袁　裵　裵　園　園

公園（こう・えん）a park　　動物園（どう・ぶつ・えん）a zoo
遊園地（ゆう・えん・ち）an amusement park

214 住　dwell / inhabit　す-む　ジュウ　（7）

ノ　イ　イ゛　仁　什　什　住

住（す）む　to live　　住民（じゅう・みん）inhabitants
住所（じゅう・しょ）an address　　住宅（じゅう・たく）housing

215 所　place / that which　ところ　ショ／-ジョ　（8）

一　ラ　ヨ　ヲ　戸　戸゛　所　所　所

所（ところ）a place　　台所（だい・どころ）a kitchen
研究所（けん・きゅう・じょ）a research institute

216 番　number / order　バン　（12）

ノ　く　ク　丷　平　乎　釆　釆　番　番　番　番

番号（ばん・ごう）a number　　交番（こう・ばん）a police box
番組（ばん・ぐみ）a program　　一番（いち・ばん）the most, No.1

漢字	いみ	くんよみ	オンヨミ	（かくすう）
217 号	call, naming [suffix] order		ゴウ	（5）

記号（き・ごう） a sign, a symbol 電話番号（でん・わ・ばん・ごう） a telephone number		信号（しん・ごう） a traffic light		

2－2．読みれんしゅう（Reading Exercises）

Ⅰ．Write the reading of the following Kanji in Hiragana.

1．地下鉄　2．工場　3．場所　4．図書館　5．住所

6．番号　7．住む　8．公園　9．動物園　10．地方

Ⅱ．Write the reading of the following Kanji in Hiragana.

1．ここにあなたの名前と住所、電話番号を書いてください。

2．地図を見てください。いろいろな記(き)号があります。「文」は学校、「☼」は工場、「⊕」は病院、「卍」はお寺です。

3．友だちは私鉄の駅の近くの住宅地に住んでいます。

4．西川さんの新しい住所は「朝日３丁(ちょう)目１番地101号」です。

5. 米国の大使館の前に交番があります。
   し　　　　こう

6. 母は台所でテレビのりょうり番組を見ています。
     だい　　　　　　　　　　　　ぐみ

2−3. 書きれんしゅう（Writing Exercises）

Ⅰ. Fill in the blanks with an appropriate Kanji.

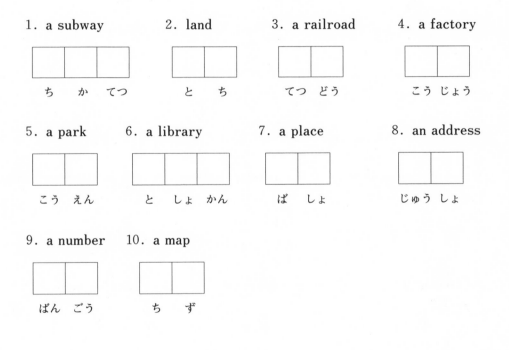

1. a subway
   ち　か　てつ

2. land
   と　ち

3. a railroad
   てつ　どう

4. a factory
   こう　じょう

5. a park
   こう　えん

6. a library
   と　しょ　かん

7. a place
   ば　しょ

8. an address
   じゅう　しょ

9. a number
   ばん　ごう

10. a map
    ち　ず

Ⅱ. Fill in the blanks with an appropriate Kanji.

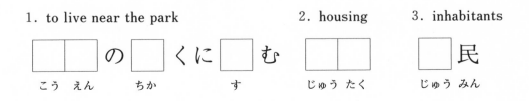

1. to live near the park
   □□の□くに□む
   こう　えん　　ちか　　　す

2. housing
   □□
   じゅう　たく

3. inhabitants
   □民
   じゅう　みん

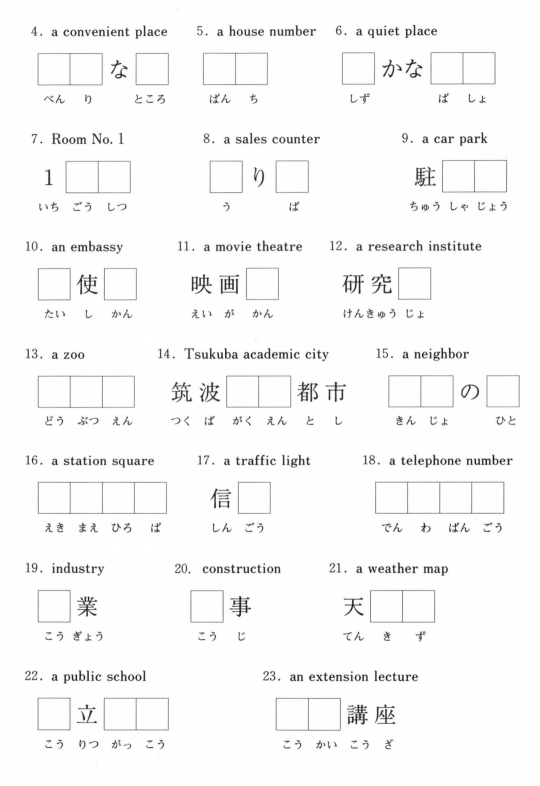

4. a convenient place

□□な□

べん　り　　ところ

5. a house number

□□

ばん　ち

6. a quiet place

□かな□□

しず　　　　ば　しょ

7. Room No. 1

1□□

いち　ごう　しつ

8. a sales counter

□り□

う　　　ば

9. a car park

駐□□

ちゅう　しゃ　じょう

10. an embassy

□使□

たい　し　かん

11. a movie theatre

映画□

えい　が　かん

12. a research institute

研究□

けんきゅう　じょ

13. a zoo

□□□

どう　ぶつ　えん

14. Tsukuba academic city

筑波□□都市

つく　ば　がく　えん　と　し

15. a neighbor

□□の□

きん　じょ　　　ひと

16. a station square

□□□□

えき　まえ　ひろ　ば

17. a traffic light

信□

しん　ごう

18. a telephone number

□□□□

でん　わ　ばん　ごう

19. industry

□業

こう　ぎょう

20. construction

□事

こう　じ

21. a weather map

天□□

てん　き　ず

22. a public school

□立□□

こう　りつ　がっ　こう

23. an extension lecture

□□講座

こう　かい　こう　ざ

ユニット 3 ——————————————— 読み物

Read the following letter and find Miss Tanaka's new house in the map below. Choose from A～F.

　ラオさん、お元気ですか。毎日雨が降って、さむいですね。さて、私は先週の水曜日に新しい家にひっこしました(moved)。新しい家は地下鉄の駅から歩いて十分ぐらいで、便利な所にあります。駅の近くには大きいデパートやいろいろな店がありますから、何でも買うことができます。私の家のそばには公園があって、木がたくさんあります。静かな住宅地で、朝早く小鳥の歌を聞くこともできます。でも、公園の前に中学校がありますから、朝8時半ごろと夕方4時ごろには学生がたくさん家の近くを通って、あまり静かではありません。
　ところで、今公園の花がとてもきれいです。今度の日曜日にあそびに来ませんか。いっしょに公園をさんぽして、昼ご飯を食べましょう。新しい電話番号は、03(428)5697ですから、夜電話してください。待っています。
　では、お元気で。さようなら

田中　道子

【地図】

＜地図と記号＞

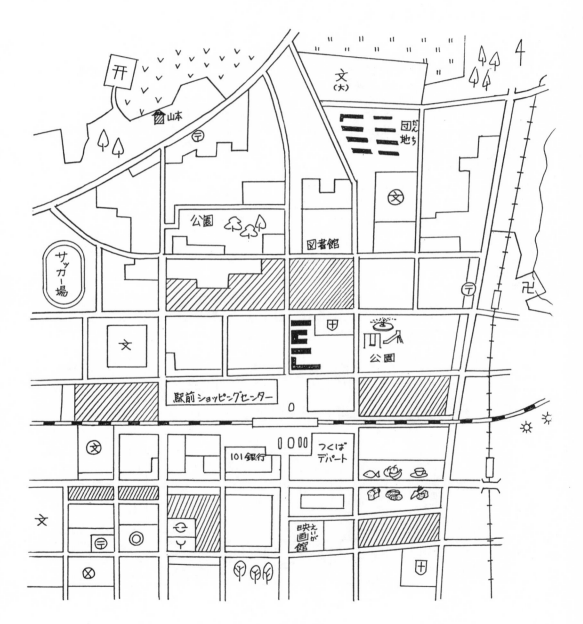

駅 JR線 (せん)	◎ 市役所（しやくしょ）
私鉄（してつ）	文 小学校・中学校
道	⊗ 高等学校（こうとうがっこう）
たてもの	文(大) 大学
小さいたてものがたくさんある所	〒 郵便局
田	⊗ 警察署（けいさつしょ）
畑	Y 消防署（しょうぼうしょ）
	↻ 電報・電話局
	☼ 工場
	⊞ 病院
	开 神社（じんじゃ）
	卍 寺（てら）

[質問] 1. 小学校、中学校はいくつありますか。

2. 市役所（しやくしょ）の西に何がありますか

3. 消防所（しょうぼうしょ）のとなりに何がありますか

4. 病院は駅の北にありますか、南にありますか

5. 山本さんの家のそばに何がありますか。

第20課

ユニット 1 ────────漢字の話

日本の行政区分（ぎょうせいくぶん）
（ Administrative Division ）

1都（と）　1道（どう）　2府（ふ）

東京都	北海道	大阪府
｜		京都府
区		｜
		区

43県（けん）
｜
市
｜
町
｜
村

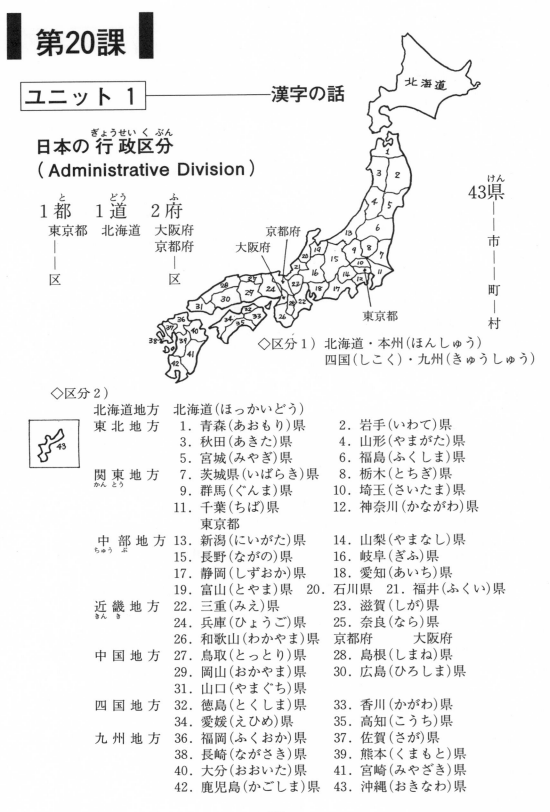

京都府
大阪府
東京都

◇区分1）北海道・本州（ほんしゅう）
四国（しこく）・九州（きゅうしゅう）

◇区分2）

北海道地方	北海道（ほっかいどう）		
東北地方	1．青森（あおもり）県	2．岩手（いわて）県
	3．秋田（あきた）県	4．山形（やまがた）県
	5．宮城（みやぎ）県	6．福島（ふくしま）県
関東地方（かんとう）	7．茨城県（いばらき）県	8．栃木（とちぎ）県
	9．群馬（ぐんま）県	10．埼玉（さいたま）県
	11．千葉（ちば）県	12．神奈川（かながわ）県
	東京都	
中部地方（ちゅうぶ）	13．新潟（にいがた）県	14．山梨（やまなし）県
	15．長野（ながの）県	16．岐阜（ぎふ）県
	17．静岡（しずおか）県	18．愛知（あいち）県
	19．富山（とやま）県　20．石川県　21．福井（ふくい）県	
近畿地方（きんき）	22．三重（みえ）県	23．滋賀（しが）県
	24．兵庫（ひょうご）県	25．奈良（なら）県
	26．和歌山（わかやま）県　京都府　　大阪府	
中国地方	27．鳥取（とっとり）県	28．島根（しまね）県
	29．岡山（おかやま）県	30．広島（ひろしま）県
	31．山口（やまぐち）県	
四国地方	32．徳島（とくしま）県	33．香川（かがわ）県
	34．愛媛（えひめ）県	35．高知（こうち）県
九州地方	36．福岡（ふくおか）県	37．佐賀（さが）県
	38．長崎（ながさき）県	39．熊本（くまもと）県
	40．大分（おおいた）県	41．宮崎（みやざき）県
	42．鹿児島（かごしま）県	43．沖縄（おきなわ）県

ユニット 2 ————————第二十課のきほん漢字

2－1．漢字の書き方（Kanji Writings）

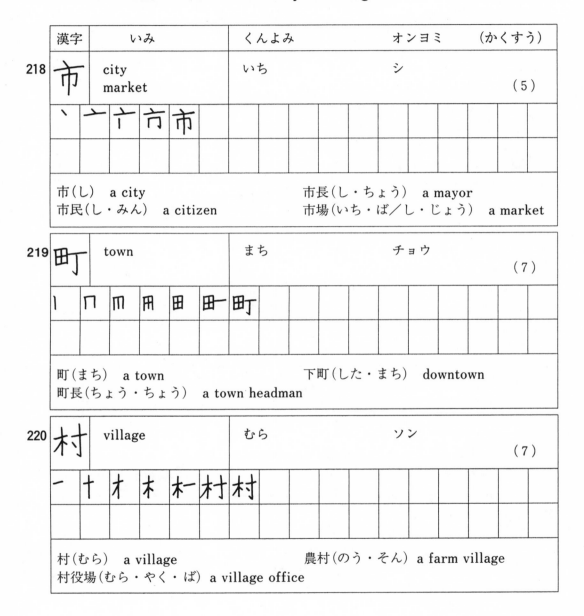

漢字	いみ	くんよみ	オンヨミ	（かくすう）

218 市　city / market　　いち　　シ　　（5）

`、 亠 六 市 市`

市（し）　a city　　　　　　　市長（し・ちょう）　a mayor
市民（し・みん）　a citizen　　市場（いち・ば／し・じょう）　a market

219 町　town　　まち　　チョウ　　（7）

`l 冂 冂 用 田 町 町`

町（まち）　a town　　　　　下町（した・まち）　downtown
町長（ちょう・ちょう）　a town headman

220 村　village　　むら　　ソン　　（7）

`一 十 オ 木 村 村 村`

村（むら）　a village　　　　農村（のう・そん）　a farm village
村役場（むら・やく・ば）　a village office

漢字	いみ	くんよみ	オンヨミ　（かくすう）

221 区　division section, ward　ク　（4）

一 フ ヌ 区

区（く）　a ward　　　　区別（く・べつ）する　to distinguish
区役所（く・やく・しょ）　a ward office　　地区（ち・く）a district

222 都　capital big city, Tokyo　みやこ　ト　（11）

一 十 土 耂 耂 者 者 者 者ⁿ 都ろ 都

都市（と・し）　a big city　　　　都会（と・かい）an urban area
東京都（とう・きょう・と）Tokyo（metropolis）

223 府　administrative prefecture　フ　（8）

、 亠 广 广 广 庁 府 府

大阪府（おお・さか・ふ）　Osaka Prefecture　　京都府（きょう・と・ふ）
政府（せい・ふ）　the government　　　　　　　Kyoto Prefecture

224 県　prefecture　ケン　（9）

丨 冂 冃 月 目 眲 県 県 県

県（けん）a prefecture
県庁（けん・ちょう）a prefectural office

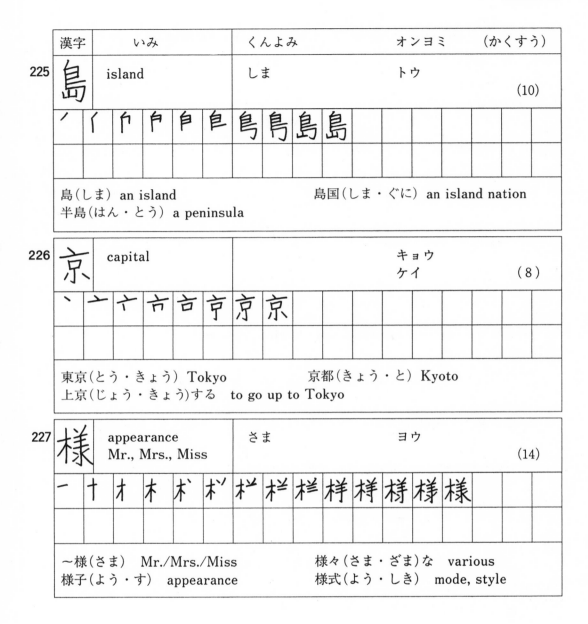

漢字	いみ	くんよみ	オンヨミ	（かくすう）

225 島 island　　　　　　しま　　　　　　トウ　　　　　　（10）

ノ　イ　┍　戶　户　自　鸟　鳥　島　島

島（しま）an island　　　　　島国（しま・ぐに）an island nation
半島（はん・とう）a peninsula

226 京 capital　　　　　　　　　　　　　　キョウ
　　　　　　　　　　　　　　　　　　　　ケイ　　　　　　（8）

丶　亠　ナ　古　古　京　京　京

東京（とう・きょう）Tokyo　　　　京都（きょう・と）Kyoto
上京（じょう・きょう）する　to go up to Tokyo

227 様 appearance　　　　　さま　　　　　　ヨウ
　　　Mr., Mrs., Miss　　　　　　　　　　　　　　（14）

一　十　才　木　朮　朮　栏　栏　样　様　様　様　様

〜様（さま）Mr./Mrs./Miss　　　　様々（さま・ざま）な　various
様子（よう・す）appearance　　　　様式（よう・しき）mode, style

2－2．読みれんしゅう（Reading Exercises）

Ⅰ．Write the reading of the following Kanji in Hiragana.

1. 市　　2. 区　　3. 町　　4. 村　　5. 島　　6. 田中様

7. 東京都　　8. 茨城県つくば市　　9. 京都府　　10. 山口県
　　　　　　　　いばらき　き

11. 青森県　　12. 半島

Ⅱ．Write the reading of the following Kanji in Hiragana.

1. 日本は1都1道2府43県に区分されている。　is divided into～

2. 東京都には千代田区、中央区など23の区と町田市、府中市など26の市がある。
　　　　　　　ちよだ　　　おう

3. 日本は南北に長く、火山の多い島国である。

4. 手紙を出す時は、相手の名前の下に「様」という字を書く。
　　がみ　　　　　あい

5. 郵便番号を書けば、都道府県名は書かなくてもよい。
　ゆう

6. 島村さんは子どもの時から東京の下町に住んでいる。

7. 都会では古い市場をこわして、新しいショッピング・センターを作っている。

2－3. 書きれんしゅう (Writing Exercises)

Ⅰ. Fill in the blanks with an appropriate Kanji.

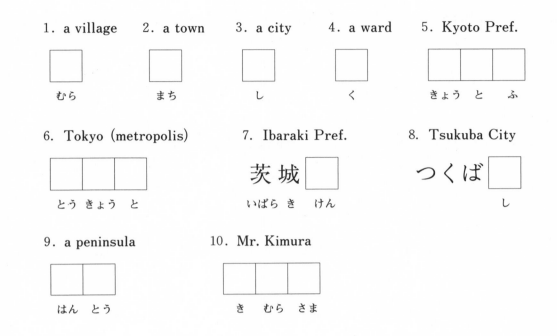

1. a village

□

むら

2. a town

□

まち

3. a city

□

し

4. a ward

□

く

5. Kyoto Pref.

□□□

きょう　と　ふ

6. Tokyo (metropolis)

□□□

とう　きょう　と

7. Ibaraki Pref.

茨城□

いばら き　けん

8. Tsukuba City

つくば□

し

9. a peninsula

□□

はん　とう

10. Mr. Kimura

□□□

き　むら　さま

Ⅱ. Fill in the blanks with an appropriate Kanji.

1. a mayor

□□

し　ちょう

2. a town headman

□□

ちょうちょう

3. a village headman

□□

そん　ちょう

4. the governor of Tokyo

□知事

と　ち　じ

5. the governor of a prefecture

□知事

けん　ち　じ

6. a ward office

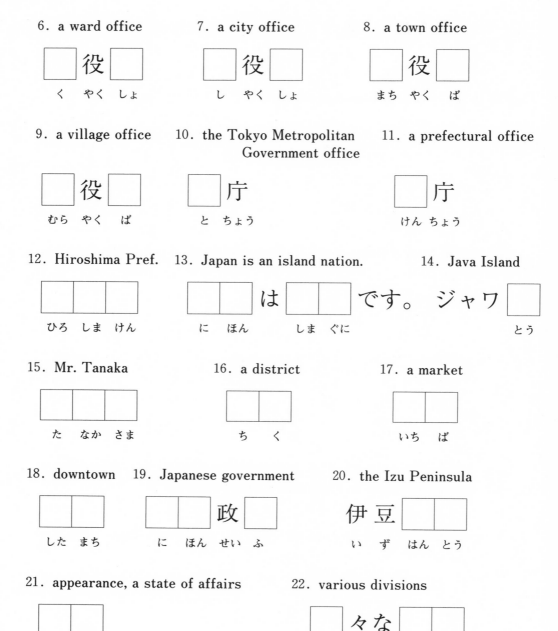

☐役☐
く　やく　しょ

7. a city office

☐役☐
し　やく　しょ

8. a town office

☐役☐
まち　やく　ば

9. a village office

☐役☐
むら　やく　ば

10. the Tokyo Metropolitan Government office

☐庁
と　ちょう

11. a prefectural office

☐庁
けん　ちょう

12. Hiroshima Pref.

☐☐☐
ひろ　しま　けん

13. Japan is an island nation.

☐☐は☐☐です。
に　ほん　しま　ぐに

14. Java Island

ジャワ☐
とう

15. Mr. Tanaka

☐☐☐
た　なか　さま

16. a district

☐☐
ち　く

17. a market

☐☐
いち　ば

18. downtown

☐☐
した　まち

19. Japanese government

☐☐政☐
に　ほん　せい　ふ

20. the Izu Peninsula

伊豆☐☐
い　ず　はん　とう

21. appearance, a state of affairs

☐☐
よう　す

22. various divisions

☐々な☐☐
さま　ざま　く　ぶん

ユニット 3 ————————————— 読み物

＜封筒（ふうとう）の書きかた＞

　下の手紙は、茨城県に住む山下一夫さんが東京都内に住む前田京子さんに書いたものである。封筒のおもてには、右に相手の住所、そしてまん中に名前を書く。名前の下には「様」という字を書く。左上に切手をはり、小さい四角の中に郵便番号を書き入れる。郵便番号を書けば、都道府県名は書かなくてもよい。

　封筒のうらに手紙を書いた人の住所と名前を書く。山下さんは、大森さんの家に下宿しているから、「大森方」と書く。しかし、下宿している人に手紙を出す時には、「〇〇様方」と書かなければならない。

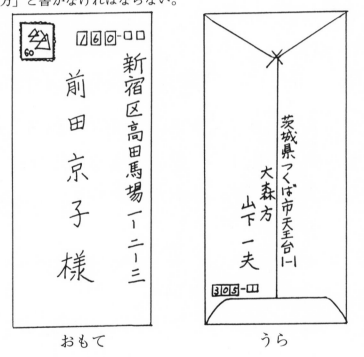

おもて　　　　　　　　　　　うら

*封筒（ふうとう）　an envelope　　　手紙（てがみ）　a letter
　茨城（いばらき）県　Ibaraki Prefecture
　一夫（かずお）　boy's name　　　おもて　the surface
　相手（あいて）　the receiver of a letter
　はる　to put, to paste　　　四角（しかく）　a square
　郵便（ゆうびん）番号　postal code　　　うら　the back
　下宿（げしゅく）する　to lodge, to take rooms
　～方（かた）　care of～, c/o～

||||||||||||||||||||||||||| **ふくしゅう** |||||||||||||||||||||||||||

Review　L. 16～20

N：右　左　内　外　東　西　南　北
　　駅　部(屋)　(会)社　(病)院　工場
　　図(書)館　公園　地(下)鉄　住所
　　番号　東京　都　府　県　市　区
　　町　村　島　様

A：早い　忙しい　若い
　　元気な　有名な　親切な　便利な　不便な

V：出る　入る　乗る　降りる　着く　渡る　通る
　　走る　歩く　止まる　動く　働く　住む
　　切る　着る　出す　入れる　止める

(58)

I．次のことばの反対語(はんたいご, opposite word)を書きなさい。
　　Ex.　上　↔　（下）

1. 左　　↔　（　　　　）　　8. 入る　↔　（　　　　　）
2. 外　　↔　（　　　　）　　9. 乗る　↔　（　　　　　）
3. 東　　↔　（　　　　）　　10. 動く　↔　（　　　　　）
4. 北　　↔　（　　　　）　　11. 働く　↔　（　　　　　）
5. 遅い　↔　（　　　　）　　12. 病気　↔　（　　　　　）
6. 便利な　↔　（　　　　）　13. 国内　↔　（　　　　　）
7. 親切な　↔　（　　　　）　14. 出す　↔　（　　　　　）

Ⅱ. 次の □ のNとVを組み合わせて，短文を作りなさい。いくつ作ることができます
か。

Ex. 公園を歩きます。

N
道	駅	島	家	店	寺	所	外	町

道　駅　島　家　店　寺　所　外　町
地下鉄　電車　会社　病院　工場　図書館
公園　本屋　学校　教室　部屋
外国　北海道　東京

V

行く　来る　食べる　飲む　見る　聞く　話す
読む　書く　歌う　買う　売る　教える　作る
泳ぐ　言う　会う　着る　開ける　閉める　待つ
切る　出る　入る　乗る　降りる　着く　渡る
通る　走る　歩く　止まる　動く　働く　休む
住む

語構成(1)　Word Structure

<ruby>語構成<rt>ご こうせい</rt></ruby>

　ふたつの漢字からできたことばには、いろいろな漢字の組合せがあります。ここでは音読みのことばを見てみましょう。

　ひとつひとつの漢字の意味とことばの意味をかんがえてください。

① Two Kanji of the opposite meaning　：　□ ↔ □

　　男女(だんじょ)　　　　　　　→　男　と　女

　　大小(だいしょう)　　　　　　→　大きい　と　小さい

　　売買(ばいばい)　　　　　　　→　売ること　と　買うこと

② Two kanji of the similar meaning　：　□ ≒ □

　　森林(しんりん)　　　　　　　→　森　＋　林

　　行動(こうどう)する　　　　　→　行う　＋　動く

③ The former Kanji explains the latter Kanji　：　□ → □

　　新車(しんしゃ)　　　　　　　→　新しい車

　　教室(きょうしつ)　　　　　　→　教える部屋　(室＝部屋)

④ The former Kanji functions as the verb and the latter can be used with the particle 「へ」、「に」、「を」、etc.

　　帰国(きこく)する　　　　　　→　国　に/へ　帰る

　　入学(にゅうがく)する　　　　→　学校　に　入る

　　閉店(へいてん)する　　　　　→　店が　閉まる　/　店を　閉める

⑤ その他　Others

[れんしゅう] つぎの漢字のことばは①～④のどれと同じですか。

　　　　　　〔 　〕のなかに番号(ばんごう)、( )のなかに読み方を書きなさい。

1.〔　　〕前後 (　　　　　　　)　　　8.〔　　〕早速 (　　　　　　　)

2.〔　　〕通学 (　　　　　　　)　　　9.〔　　〕長文 (　　　　　　　)

3.〔　　〕広場 (　　　　　　　)　　　10.〔　　〕開店 (　　　　　　　)

4.〔　　〕住所 (　　　　　　　)　　　11.〔　　〕長短 (　　　　　　　)

5.〔　　〕外出 (　　　　　　　)　　　12.〔　　〕飲酒 (　　　　　　　)

6.〔　　〕左右 (　　　　　　　)　　　13.〔　　〕開閉 (　　　　　　　)

7.〔　　〕着物 (　　　　　　　)　　　14.〔　　〕読書 (　　　　　　　)

第21課

ーする動詞（ーする Verb ）

The following word 「勉強」 is used as a noun in the sentence.

私は 勉強 が好きです。　　　　　'l like studying.'

But when 「ーする」 is added, it can be used as a verb.

私は日本語を 勉強 しました。　　'I studied Japanese.'

There are a number of words which can be used as both a noun and a verb.
Look at the following examples and pay attention to the particles.

	<名詞> Noun	<動詞> Verb
勉強 べん きょう	日本語の勉強 the study of Japanese	日本語を勉強する to study Japanese
練習 れん しゅう	漢字の練習 the practice of Kanji	漢字を練習する to practice Kanji
研究 けん きゅう	文学の研究 the study of literature	文学を研究する to study literature

Some 「ーする」 verbs, however, take different particles.

質問 しつ もん	先生への質問 a question to the teacher	先生に質問する to ask the teacher a question
留学 りゅうがく	米国への留学 going to America for study	米国へ留学する to go to America for study
結婚 けっ こん	彼との結婚 marriage with him	彼と結婚する to get married with him

　Some 「－する」 verbs are usually used without any particle in a sentence because they include a meaning which corresponds to N＋V constructions as follows.

乗車 （じょうしゃ） する　 ＝　 車に乗る

下車 （げしゃ） する　　 ＝　 車を下りる

入国 （にゅうこく） する　 ＝　 国に入る

出国 （しゅっこく） する　 ＝　 国を出る

来日 （らいにち） する　　 ＝　 日本に来る

[練習] Choose the words which can be used as verbs with -する.

[　]時計(とけい, a watch)　　　　[　]電話(でんわ, a telephone)

[　]元気(げんき, healthy)　　　　[　]会社(かいしゃ, a company)

[　]住所(じゅうしょ, an address) [　]中止(ちゅうし, stoppage)

[　]学習(がくしゅう, learning)　 [　]病院(びょういん, a hospital)

[　]言語(げんご, language)　　　 [　]見物(けんぶつ, sightseeing)

[　]不足(ふそく, shortage)　　　 [　]外出(がいしゅつ, going out)

[　]問題(もんだい, a problem)　 [　]帰国(きこく, returning to one's country)

ユニット 2 ——————————第二十一課のきほん漢字

2－1．漢字の書き方（Kanji Writings）

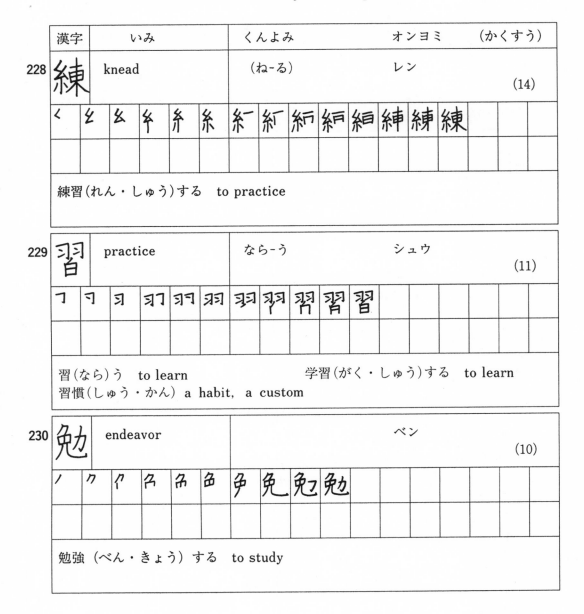

漢字	いみ	くんよみ	オンヨミ	（かくすう）
228 練	knead	（ね-る）	レン	（14）

く 幺 幺 糸 糸 糸 糸 糸 糸 糸 絽 紳 練 練

練習（れん・しゅう）する　to practice

229 習	practice	なら-う	シュウ	（11）

フ ヲ ヲ 刃 羽 羽 羽 羽 習 習 習

習（なら）う　to learn　　　　　　学習（がく・しゅう）する　to learn
習慣（しゅう・かん）a habit, a custom

230 勉	endeavor		ベン	（10）

ノ ク イ 名 名 危 免 免 勉 勉

勉強（べん・きょう）する　to study

漢字	いみ	くんよみ	オンヨミ （かくすう）
231 強	force, strong	つよ-い	キョウ (11)

ㄱ コ 弓 弓' 弓^ 弓'^ 弥 弥 強 強 強

強(つよ)い　strong　　　　　　強調(きょう・ちょう)する　to emphasize
勉強(べん・きょう)する　to study

| **232** 研 | grind sharpen | | ケン (9) |

一 ブ 不 石 石 石¯ 石¯ 研 研

研究(けん・きゅう)する　to study, to research
研修(けん・しゅう)する　to study and train

| **233** 究 | to carry to extremity | （きわ-める） | キュウ (7) |

ㆍ ㅆ 宀 宀 穴 宊 究

研究所(けん・きゅう・じょ)　a research institute
研究者(けん・きゅう・しゃ)　a researcher

| **234** 留 | stay detain | と-まる と-める | リュウ (10) |

ノ ㇄ ㄙ 幻 幻 留 留 留 留

書留(かき・とめ)　a registered letter
留学(りゅう・がく)する　to study abroad

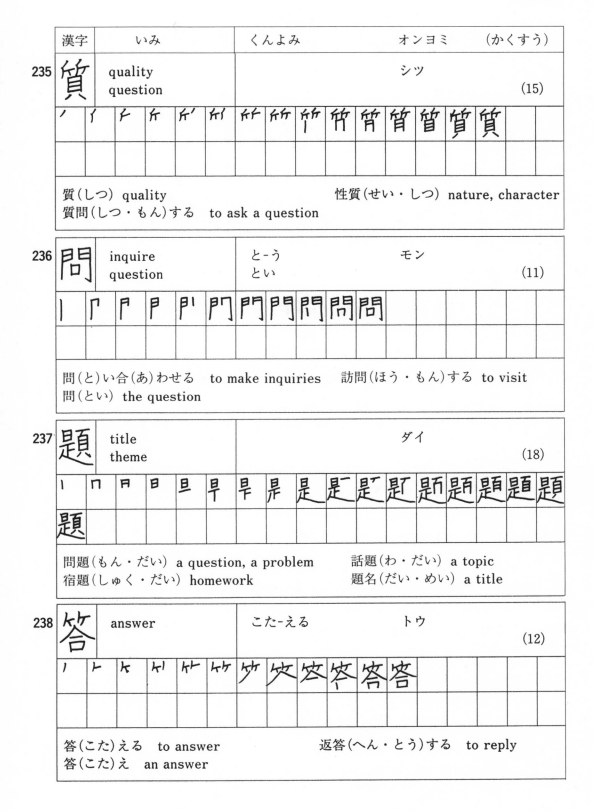

漢字	いみ	くんよみ	オンヨミ　（かくすう）

235 質 quality / question — シツ (15)

丿 丿 斤 斤 斤 ⺮ ⺮ ⺮ ⺮ 筲 筲 筲 質 質

質（しつ）quality　　　　　性質（せい・しつ）nature, character
質問（しつ・もん）する　to ask a question

236 問 inquire / question — と‐う / とい — モン (11)

丨 ⼏ ⼏ ⼏ 門 門 門 門 門 問 問

問（と）い合（あ）わせる　to make inquiries　　訪問（ほう・もん）する to visit
問（とい）the question

237 題 title / theme — ダイ (18)

丨 冂 日 日 旦 早 早 昰 是 是 是 趷 題 題 題 題 題
題

問題（もん・だい）a question, a problem　　話題（わ・だい）a topic
宿題（しゅく・だい）homework　　題名（だい・めい）a title

238 答 answer — こた‐える — トウ (12)

丿 ⺊ ⺊ ⺮ ⺮ ⺮ 竹 筇 筌 筌 答 答

答（こた）える　to answer　　返答（へん・とう）する to reply
答（こた）え　an answer

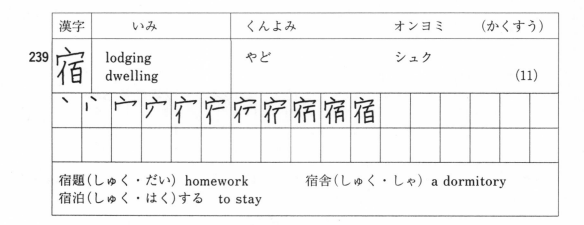

漢字	いみ	くんよみ	オンヨミ	（かくすう）
239 宿	lodging dwelling	やど	シュク	（11）

` ｀ 宀 宀 宁 宁 疒 疒 宿 宿 宿

宿題（しゅく・だい）homework　　　宿舎（しゅく・しゃ）a dormitory
宿泊（しゅく・はく）する　to stay

２−２．読み練習（Reading Exercises）

Ⅰ．Write the reading of the following Kanji in Hiragana.

1. 勉強する　　2. 研究する　　3. 練習する　　4. 留学する　　5. 質問する

6. 答える　　7. 習う　　8. 強い　　9. 宿題　　10. 問題

Ⅱ．Write the reading of the following Kanji in Hiragana.

1. 毎週日曜日は朝から晩まで宿舎で日本語を勉強しています。
   しゃ

2. 大学院に入って、何を研究したのですか。

3. 毎晩たくさん宿題があって、忙しいです。

4. つぎの文を読んで、質問に答えなさい。

5. この大学は留学生が少ないですね。

6. 今ドイツ語を習っていますから、毎日テープを聞いて練習します。

7. あの人は話題が多くて、明るい性質です。

8. 日本では、正月にお世話になった人の家を訪問する習慣があります。

2－3．書き練習 （Writing Exercises）

I. Fill in the blanks with an appropriate Kanji.

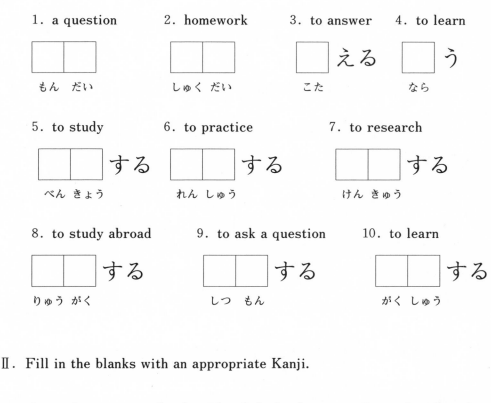

1. a question

□□
もん だい

2. homework

□□
しゅく だい

3. to answer

□える
こた

4. to learn

□う
なら

5. to study

□□する
べん きょう

6. to practice

□□する
れん しゅう

7. to research

□□する
けん きゅう

8. to study abroad

□□する
りゅう がく

9. to ask a question

□□する
しつ もん

10. to learn

□□する
がく しゅう

II. Fill in the blanks with an appropriate Kanji.

1. review

復□
ふく しゅう

2. the title of the book

□の□□
ほん だい めい

3. student dormitory

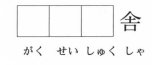

□□□舎
がく せい しゅく しゃ

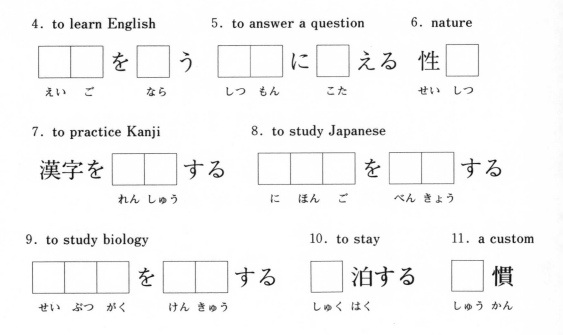

4. to learn English

□□を□う
えい ご　　なら

5. to answer a question

□□に□える
しつ もん　　こた

6. nature

性□
せい しつ

7. to practice Kanji

漢字を□□する
れん しゅう

8. to study Japanese

□□□を□□する
に ほん ご　　べん きょう

9. to study biology

□□□を□□する
せい ぶつ がく　　けん きゅう

10. to stay

□泊する
しゅく はく

11. a custom

□慣
しゅう かん

Ⅲ. Write the following sentences using kanji.

e.g.　　かれは　ちゅうごくの　がくせい　です。

　　→ 彼は中国の学生です。

1. この　れんしゅう　もんだいの　こたえが　わかりません。

2. せんせいの　おたくを　ほうもんして、いろいろな　しつもんを　した。
　　（訪）to visit

3. がいこくじんと　かいわを　する　ときは、わだいに　きを　つけましょう。

4. べいこくに　りゅうがくして、えいごを　べんきょうしてきた。

5. じゅうたく　もんだいについて、こんどの　どように　けんきゅうかいが　ある。

ユニット 3 ──────────────────────読み物

ゲーム 「20の質問」

One person in a group gives a quiz and others have to find out the answer within 20 questions. If they can get the right answer before using up 20 questions, they win. If they cannot, the one who gave the quiz wins. He must answer with 'Yes' or 'No' only. Now, read the following example questions and answers, then guess the answer. There are 5 persons; the teacher, Tanaka, Furukawa, Mori and Ali.　Ali gives the quiz.

先生：じゃ、「20の質問」をはじめましょう。アリさんが問題を出します。
　　　みなさん、質問してください。
田中：それは、大きいですか。
アリ：いいえ、あまり大きくありません。
古川：それは動物ですか。
アリ：いいえ、動物じゃありません。
田中：人ですか。
アリ：いいえ、ちがいます。
古川：じゃ、物ですか。
アリ：ええ、そうですね。
　森：それは食べることができますか。
アリ：いいえ、できません。
　森：それは買うことができますか。
アリ：いいえ、できません。
　森：ううん…できませんか。
古川：どんな時（when）つかいますか。
先生：古川さん、「はい」か「いいえ」で答える質問だけですよ。
古川：あっ、すいません。じゃあ、…
先生：今度が7つ目の質問です。
古川：それは毎日つかいますか。
アリ：ええ、私はほとんど（almost）毎日です。
田中：朝つかいますか。
アリ：いえ、私は朝はつかいません。
田中：じゃ、夜つかうんですか。
アリ：はい。
田中：それはふとん（bedclothes）ですか。
　森：田中さん、ちょっと待って。あまり大きくない物だと言ってたから…
田中：ああ、そうか。じゃ、その質問はやめます。
　森：ねる時（when you sleep）つかいますか。
アリ：いいえ。

森 ：じゃ、食べる時つかいますか。

アリ：いいえ。

古川：勉強する時？

アリ：はい、そうです。

森 ：ええと、大きくない物で、毎晩勉強する時につかう。買うことができな
いんだから、…えんぴつやノートじゃないでしょう。

田中：そうですね。

古川：だれかにもらったんですか。

アリ：そう。もらいました。

田中：留学生の友だちにもらいましたか。

アリ：いいえ、ちがいます。

古川：先生にもらいましたか。

アリ：はい。

森 ：あなたはそれが好きですか。

アリ：へへへ、あまり好きじゃありませんけど、…。

森 ：分かった！答えは（　　　　）でしょう。

アリ：はい、そうです。

[問題] 1. 上のゲームの答えは何ですか。

2. 田中さん、古川さん、森さんのチーム（team）はいくつ質問しましたか。

3. 友だちとこのゲームを練習してみてください。

＊答えは213ページの下にあります。

▦▦▦ 知っていますか ▦▦ できますか ▦▦

部首ゲーム3　＜ブロック組み立て　（Block construction）＞

　下の□の中にあるブロックを組み立てて、漢字2字の言葉（ことば）を作りなさい。それぞれにひとつだけ使わないブロックがあります。

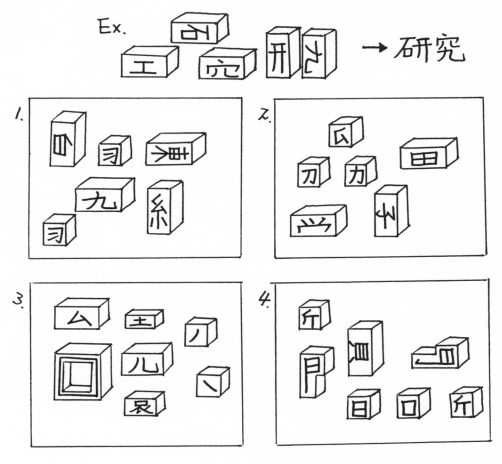

Ex. → 研究

＊答えは213ページの下にあります。

▍第22課▍

二つの漢字からできた名詞
（Nouns made from two Kanji）

　　下のことばを見てください。

政治（セイ・ジ）　　経済（ケイ・ザイ）　歴史（レキ・シ）

教育（キョウ・イク）文化（ブン・カ）　　科学（カ・ガク）

物理（ブツ・リ）　　化学（カ・ガク）　　数学（スウ・ガク）

医学（イ・ガク）　　工学（コウ・ガク）

　　みんな音読みのことばです。漢字二つからできたことばは、たいてい（ in most cases ）音読みで読みます。

　　漢語　→　音読み　＋　音読み

けれども、ほかの読み方の漢字の言葉もあります。

音読み　＋　訓読み　：	本屋（ホン・や）	a book shop
	金色（キン・いろ）	golden color
訓読み　＋　音読み　：	場所（ば・ショ）	a place
	古本（ふる・ホン）	a used book
	切符（きっ・プ）	a ticket
訓読み　＋　訓読み　：	切手（きっ・て）	a stamp
	名前（な・まえ）	a name
	手紙（て・がみ）	a letter

下のことばは、読み方によって（according to their readings）意味がちがいます。

生物 ＝ （セイ・ブツ） a living creature
　　　＝ （なま・もの） uncooked food

色紙 ＝ （シキ・シ）　 a square piece of fancy paper（for writing a poem on）
　　　＝ （いろ・がみ） colored paper

目下 ＝ （モッ・カ）　 at present
　　　＝ （め・した）　 one's inferiors, one's subordinates

一切 ＝ （イッ・サイ） all
　　　＝ （ひと・きれ） a piece

日本語には、和語（わご、Japanese native words）、漢語（かんご、words of Chinese origin）、外来語（がいらいご、words of foreign origin）があります。どんな時に、どれを使いますか。

飯（めし）　　　　　御飯（ゴ・ハン）　　　　　　ライス（rice）
車（くるま）　　　　自動車（ジ・ドウ・シャ）　　カー（a car）
旅（たび）　　　　　旅行（リョ・コウ）　　　　　トラベル（travel）
市場（いち・ば）　　市場（シ・ジョウ）　　　　　マーケット（a market）
宿屋（やど・や）　　旅館（リョ・カン）　　　　　ホテル（a hotel）
受取（うけ・と）り　受領書（ジュ・リョウ・ショ）レシート（a receipt）
　　　　　　　　　　領収書（リョウ・シュウ・ショ）

＊［ブロック組み立ての答え］　1. 練習　2. 留学
　　　　　　　　　　　　　　　3. 公園　4. 質問
＊［20の質問の答え］　　　　　1. 宿題（しゅくだい）　a homework
　　　　　　　　　　　　　　　2. 16問

— 213 —

ユニット 2 ──────── 第二十二課のきほん漢字

2－1. 漢字の書き方（Kanji Writings）

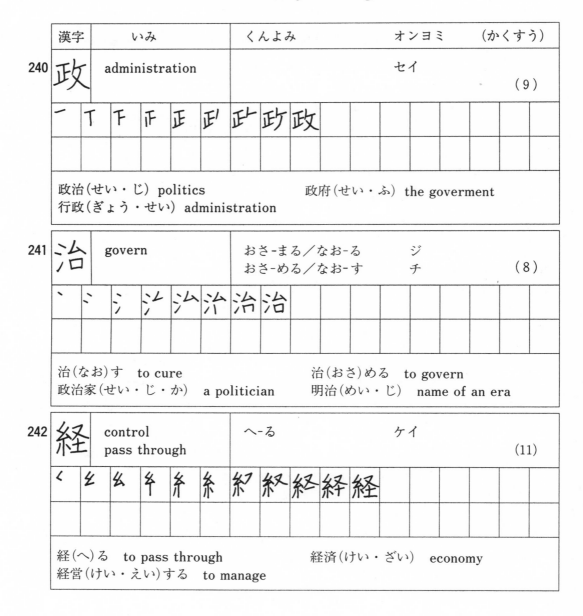

漢字	いみ	くんよみ	オンヨミ	（かくすう）
240 政	administration		セイ	（9）

一 丁 下 正 正 正 政 政 政

政治（せい・じ）politics　　　　政府（せい・ふ）the goverment
行政（ぎょう・せい）administration

241 治	govern	おさ-まる／なお-る　　ジ おさ-める／なお-す　　チ	（8）

ヽ ⺀ ⺡ 氵 氵 治 治 治

治（なお）す　to cure　　　　　治（おさ）める　to govern
政治家（せい・じ・か）a politician　　明治（めい・じ）name of an era

242 経	control pass through	へ-る	ケイ	（11）

く 幺 幺 幺 糸 糸 紀 級 経 経 経

経（へ）る　to pass through　　　経済（けい・ざい）economy
経営（けい・えい）する　to manage

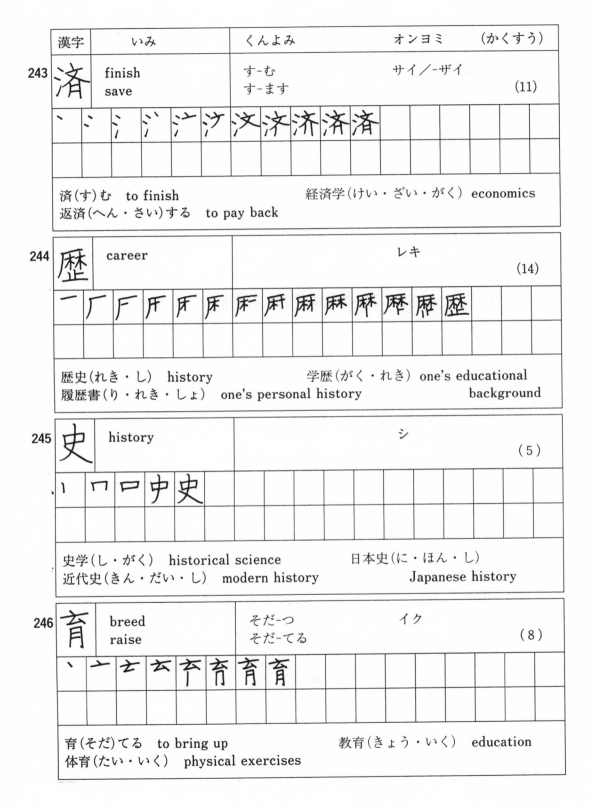

漢字	いみ	くんよみ	オンヨミ	（かくすう）

243 済 finish / save　す-む / す-ます　サイ／-ザイ　（11）

` ｀ 氵 氵 氵 氵 汸 済 済 済 済

済（す）む　to finish　　　経済学（けい・ざい・がく）　economics
返済（へん・さい）する　to pay back

244 歴 career　　　レキ　（14）

一 厂 厂 斤 斤 斥 斥 厑 厤 麻 麻 厤 歴 歴

歴史（れき・し）　history　　　学歴（がく・れき）　one's educational
履歴書（り・れき・しょ）　one's personal history　　　background

245 史 history　　　シ　（5）

` 丨 冂 口 史 史

史学（し・がく）　historical science　　　日本史（に・ほん・し）
近代史（きん・だい・し）　modern history　　　Japanese history

246 育 breed / raise　そだ-つ / そだ-てる　イク　（8）

` 亠 云 云 亠 育 育 育

育（そだ）てる　to bring up　　　教育（きょう・いく）　education
体育（たい・いく）　physical exercises

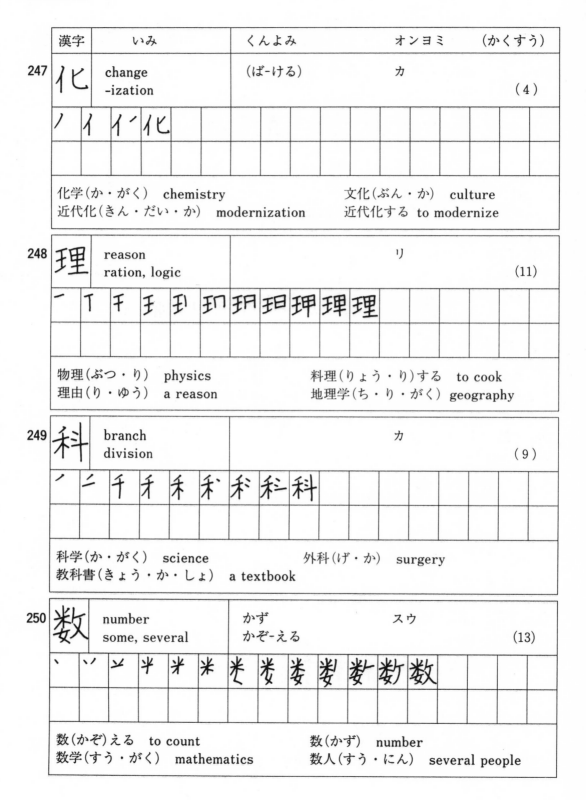

漢字	いみ	くんよみ	オンヨミ	（かくすう）

247 化 change -ization （ば-ける） カ （4）

ノ イ イ´ 化

化学（か・がく） chemistry　　　文化（ぶん・か） culture
近代化（きん・だい・か） modernization　　　近代化する to modernize

248 理 reason ration, logic リ （11）

一 丁 干 王 玾 玗 玴 珇 珇 理 理

物理（ぶつ・り） physics　　　料理（りょう・り）する to cook
理由（り・ゆう） a reason　　　地理学（ち・り・がく） geography

249 科 branch division カ （9）

ノ 二 千 千 禾 禾 禾 科 科

科学（か・がく） science　　　外科（げ・か） surgery
教科書（きょう・か・しょ） a textbook

250 数 number some, several かず　　　スウ かぞ-える （13）

丶 ´` ゛ 半 米 米 米 娄 娄 娄 娄 数 数

数（かぞ）える to count　　　数（かず） number
数学（すう・がく） mathematics　　　数人（すう・にん） several people

漢字	いみ	くんよみ	オンヨミ	（かくすう）
251 医	medical doctor		イ	（7）

一 丁 下 匠 医 医 医

医学（い・がく）　medical science　　医者（い・しゃ）　a doctor
医院（い・いん）　a doctor's office

２－２．読み練習（Reading Exercises）

Ⅰ．Write the reading of the following Kanji in Hiragana.

1．歴史　2．教育　3．経済　4．政治　5．数学　6．医学　7．化学

8．物理　　9．科学　　10．体育　　11．学歴　　12．教科書　　13．政府

Ⅱ．Write the reading of the following Kanji in Hiragana.

1．弟は大学院で物理学を研究しています。

2．姉は今二人の子どもを育てています。

3．兄は医科大学を出て内科の医者になりました。
　　　　　　　　　　　　　　　　　　しゃ

4．この歴史の教科書にはいろいろな問題があります。

5．彼には学問はあるが経済力がない。

6．彼女のおじいさんは明治時代の有名な政治家です。

7．この大学には文学部、教育学部、政治学部、経済学部、理学部などがある。

8．外国へ行く前に、その国の文化について勉強したほうがいい。

9．薬だけで病気を治すことはできません。

10．数学より体育のクラスのほうが好きです。

11．カナダに留学して、地理の勉強をしてきたい。

12．北川さんは数年前から東京経済新聞社で働いている。

2－3．書き練習（Writing Exercises）

Ⅰ．Fill in the blanks with an appropriate Kanji.

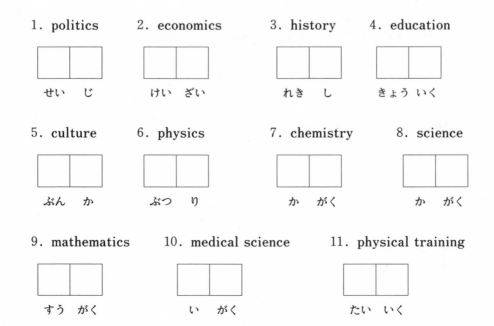

1. politics
　　せい　じ

2. economics
　　けい　ざい

3. history
　　れき　し

4. education
　　きょう　いく

5. culture
　　ぶん　か

6. physics
　　ぶつ　り

7. chemistry
　　か　がく

8. science
　　か　がく

9. mathematics
　　すう　がく

10. medical science
　　い　がく

11. physical training
　　たい　いく

Ⅱ. Fill in the blanks with an appropriate Kanji.

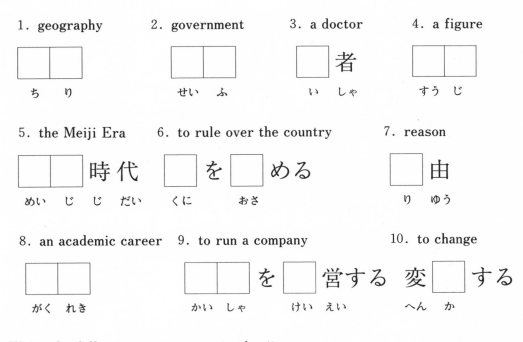

1. geography

□□
ち　り

2. government

□□
せい　ふ

3. a doctor

□者
い　しゃ

4. a figure

□□
すう　じ

5. the Meiji Era

□□時代
めい　じ　じ　だい

6. to rule over the country

□を□める
くに　　おさ

7. reason

□由
り　ゆう

8. an academic career

□□
がく　れき

9. to run a company

□□を□営する
かい　しゃ　けい　えい

10. to change

変□する
へん　か

Ⅲ. Write the following sentences using kanji.

e.g.　にほんの　しゃかいでは、がくれきが　たいせつだ。
　→ 日本の社会では、学歴が大切だ。

1. かのじょは　こどもを　そだてながら、だいがくで　けいざいを　べんきょう
　　　　　　　　　　　　　while bringing up her child
　した。

2. めを　とじて、いちから　じゅうまで　かぞえてください。
　close your eyes

3. エレベータの　みぎが　ないかの　びょうしつ、ひだりが　げかの
　　　　　　　　　　　　internal medicine　　　　　　　　　surgical medicine
　びょうしつだ。

4. しゅくだいは、すうがくの　きょうかしょの　53ページの　もんだいです。

5. がいこくごを　ならう　ときは、その　くにの　ぶんかも　いっしょに　な
　らったほうがいい。

ユニット 3 ——————————————————————— 読み物

＜本 さ が し＞

これは本屋の中の見取り図（みとりず a sketch）です。これから下の a.～k. の本を買いに行きます。本の題名を読んで、どのたな（which shelf）にあるか、1.～17. の中からえらんでください。

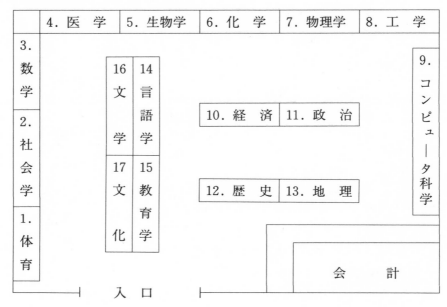

[問題] つぎの本を見つけてください。

たなの番号

a.	「日米経済摩擦の問題」	（　　）
b.	「バスケットボールのルール」	（　　）
c.	「ドイツ語文法入門」	（　　）
d.	「パソコン Basic の使い方」	（　　）
e.	「やさしい中米史」	（　　）
f.	「新しい英語教育の方法」	（　　）
g.	「薬と医学」	（　　）
h.	「シェイクスピア研究」	（　　）
i.	「Analytical Chemistry」	（　　）
j.	「Atomic Energy」	（　　）
k.	「Trends in American Politics」	（　　）

知っていますか　できますか

＜本屋で見る漢字＞

　ここは東京の大きな本屋です。あなたのほしい本を見つけることができますか。あなたの買いたい本はどこにありますか。

書籍（しょせき）
books

文具（ぶんぐ）
stationery

新刊書（しんかんしょ）
new books

雑誌（ざっし）
magazines

人文科学（じんぶんかがく）　humanities
　文学（ぶんがく）
　歴史（れきし）
　言語学（げんごがく）
　哲学（てつがく）

社会科学（しゃかいかがく）　social science
　社会学（しゃかいがく）
　教育（きょういく）
　経済学（けいざいがく）

自然科学（しぜんかがく）　natural science
　物理学（ぶつりがく）
　化学（かがく）
　生物学（せいぶつがく）
　情報工学（じょうほうこうがく）

語学（ごがく）・辞典（じてん）　languages・dictionaries

文芸（ぶんげい）・教養（きょうよう）　literary arts・culture

音訓さくいん（上巻用）

音はカタカナ、訓（くん）はひらがなで書く。あいうえお順（じゅん）にならべ、音訓の順。同じ音訓は、課（か）の順。（　）はあまり使わない読み、数字は課の数。